**Chercher autrement un emploi**

Jean Motte

# Chercher autrement un emploi

Experts

**Impressum / Mentions légales**
Bibliografische Information der Deutschen Nationalbibliothek: Die Deutsche Nationalbibliothek verzeichnet diese Publikation in der Deutschen Nationalbibliografie; detaillierte bibliografische Daten sind im Internet über http://dnb.d-nb.de abrufbar.
Alle in diesem Buch genannten Marken und Produktnamen unterliegen warenzeichen-, marken- oder patentrechtlichem Schutz bzw. sind Warenzeichen oder eingetragene Warenzeichen der jeweiligen Inhaber. Die Wiedergabe von Marken, Produktnamen, Gebrauchsnamen, Handelsnamen, Warenbezeichnungen u.s.w. in diesem Werk berechtigt auch ohne besondere Kennzeichnung nicht zu der Annahme, dass solche Namen im Sinne der Warenzeichen- und Markenschutzgesetzgebung als frei zu betrachten wären und daher von jedermann benutzt werden dürften.

Information bibliographique publiée par la Deutsche Nationalbibliothek: La Deutsche Nationalbibliothek inscrit cette publication à la Deutsche Nationalbibliografie; des données bibliographiques détaillées sont disponibles sur internet à l'adresse http://dnb.d-nb.de.
Toutes marques et noms de produits mentionnés dans ce livre demeurent sous la protection des marques, des marques déposées et des brevets, et sont des marques ou des marques déposées de leurs détenteurs respectifs. L'utilisation des marques, noms de produits, noms communs, noms commerciaux, descriptions de produits, etc, même sans qu'ils soient mentionnés de façon particulière dans ce livre ne signifie en aucune façon que ces noms peuvent être utilisés sans restriction à l'égard de la législation pour la protection des marques et des marques déposées et pourraient donc être utilisés par quiconque.

Coverbild / Photo de couverture: www.ingimage.com

Verlag / Editeur:
Éditions Vie
ist ein Imprint der / est une marque déposée de
OmniScriptum GmbH & Co. KG
Heinrich-Böcking-Str. 6-8, 66121 Saarbrücken, Deutschland / Allemagne
Email: info@editions-vie.com

Herstellung: siehe letzte Seite /
Impression: voir la dernière page
**ISBN: 978-3-639-83981-4**

# Chercher autrement un emploi

## Jean Motte

## À qui s'adresse ce livre ?

♦ À tous ceux qui cherchent un premier emploi et qui n'ont pas appris au cours de leurs études à faire une démarche de projet professionnel.

♦ À tous ceux qui cherchent un emploi depuis un certain temps déjà et qui se rendent compte que leurs recherches n'aboutissent pas.

♦ À tous ceux qui se disent qu'après avoir essayé vainement de mettre beaucoup d'énergie à "ratisser large" il n'y a peut-être plus rien à perdre à changer complètement de méthode mais sans bien savoir comment faire.

♦ À tous ceux qui comprennent que dans un monde professionnel de plus en plus changeant la seule sécurité réside dans le fait de faire le métier que l'on aime vraiment.

♦ À tous ceux qui croient que l'expérience d'autrui est un capital précieux pour leur propre parcours.

Ce livre propose :

➢une démarche appuyée sur une vingtaine de textes courts qui pourront jalonner leur parcours de recherche,

➢une autre vision de la recherche d'emploi fondée sur le fait que nous sommes différents les uns des autres et que l'homme a besoin de projets pour vivre,

➢une série de remarques basées sur l'expérience de personnes qui, ayant emprunté le chemin de la recherche d'emploi avec succès, nous ont dit à quoi elles attribuaient ce succès.

➢une certitude, confortée par près de sept cents succès, selon laquelle trouvent un emploi ceux qui savent ce qu'ils cherchent.

L'AEPV, "Association Entreprendre par Vocation", propose depuis plus de vingt ans, à des personnes de tous âges (de 22 ans à 58 ans parmi les succès passés) qui ont perdu leur emploi de se mettre en route pour devenir offreur de projet et non de rester des demandeurs d'emploi. Chacune de ces personnes, le "filleul", est accompagnée par un « parrain », personne qui a un emploi et qui la reçoit une heure tous les quinze jours sur son lieu de travail.

Parrain et filleul reçoivent lors de leur inscription à l'AEPV cette brochure afin de baliser le travail qu'ils accomplissent ensemble. La plupart de ces textes sont nés des observations de parrains ou de filleuls échangés lors des réunions trimestrielles.

Je conclurai cet avant -propos sur un mot :

Si après avoir ouvert cette brochure, vous pensez qu'elle n'est pas pour vous, vous considérez que cette démarche ne vous convient pas, entendez au moins cet unique conseil :
**DANS VOTRE RECHERCHE D'EMPLOI, NE RESTEZ PAS SEUL**


**Jean MOTTE**
**Fondateur de l'A.E.P.V.**


**Jacques CHAPURLAT**
**Président de l'A.E.P.V**

# LE MYTHE
# DE L'EMPLOI MIRACLE

Nous rêvons d'un emploi stable et unique, comme cela a été le cas pour la génération de nos grands-parents, au début de l'ère industrielle et jusqu'à la deuxième guerre mondiale. Mais il n'y a là qu'une illusion grossière, peut-être entretenue en France par un regard mythique sur la fonction publique... et encore !

Les évolutions techniques et technologiques sont aujourd'hui tellement rapides que la fonction du conducteur de train ou de l'employé aux écritures n'a plus rien à voir avec ce qu'elle était il y a seulement vingt ans, même si l'appellation en est restée la même.

Notre génération change en moyenne trois fois d'emploi au minimum dans sa vie professionnelle, et ce sera cinq fois pour les enfants de la génération suivante. Alors faut-il nous lamenter en répétant : "Tout va trop vite, mon pauvre monsieur !" ou regarder le plus sûr moyen de nous adapter pour pouvoir tirer parti de cette situation ?

Si demain mon emploi disparaît, n'est-il pas indispensable pour moi qui vais devoir chercher un nouvel emploi de savoir ce qui me plaisait vraiment dans cet emploi, ou ce qui me le rendait insupportable ?

N'est-il pas utile pour me situer face à telle proposition de reconversion, de modification d'emploi, de connaître ce qui me conviendrait bien ? Pourquoi laisserais-je mon employeur seul maître de mon destin personnel ? Pourquoi ne pas oser à certains moments dire : je suis intéressé par telle ou telle opportunité que je vois apparaître ?

Si demain personne ne vient me proposer un emploi à la sortie de mon école parce que les temps ont changé et que les diplômés ne sont plus une denrée rare et chère, pourquoi devrai-je laisser au hasard des rencontres et à la chance la possibilité de trouver mon premier emploi ?

Le plein emploi paraissait un objectif réaliste au cours des "trente glorieuses", ces années de fort développement que nous avons connues. Le droit à l'emploi paraissait tellement évident que nous nous sommes endormis, que nous avons oublié qu'il y a toujours un prix à payer pour trouver un emploi.

Aujourd'hui nous redécouvrons le prix économique qu'il faut consentir collectivement si nous voulons créer des emplois, mais aussi le prix individuel que chacun doit payer s'il veut exercer un emploi, l'ensemble des contraintes qu'il est prêt à accepter en contrepartie de son emploi.

Cette brochure a pour ambition de communiquer le fruit d'une expérience, celle d'hommes et de femmes qui se sont engagés dans la voie de la définition de leur emploi. Ils avaient perdu leur travail et au terme d'une démarche personnelle ils ont compris qu'il ne servait à rien d'attendre qu'on leur offre un emploi : ils sont devenus acteurs de leur recherche.
De demandeurs d'emploi ils sont devenus offreurs de projet.

Comment ? En bâtissant un projet professionnel et en le communiquant au réseau qu'ils avaient constitué dans le cadre de leur recherche.

Ils n'y étaient pas préparés ni même encouragés car notre société encourage bien peu la prise de risque. Notre vie n'est-elle pas trop importante à nos yeux pour que nous ne laissions à personne d'autre qu'à nous-même le soin de décider de notre avenir professionnel ?

## *Notes personnelles*

•Quelle représentation je me fais de ma démarche de recherche d'emploi ? une obligation de "quémander" ou une opportunité de trouver un emploi qui me convienne mieux ?

.........................................................................................................................

.........................................................................................................................

.........................................................................................................................

.........................................................................................................................

•Puis-je dire aujourd'hui que je me comporte comme un offreur de projet et non comme un demandeur d'emploi ?

.........................................................................................................................

.........................................................................................................................

.........................................................................................................................

.........................................................................................................................

# CHERCHER AUTREMENT UN EMPLOI

Nul ne nous a préparé à ce qui est en soi un vrai travail : chercher du travail. Aussi abordons-nous souvent cette tâche à partir d'un certain nombre d'idées reçues, de fausses évidences et de peurs. Et nous le savons bien, la peur est souvent mauvaise conseillère.

## *QUI A LES MEILLEURES CHANCES DE TROUVER ?*

Lorsque je sais ce que je cherche, je suis mieux placé pour le trouver que si je vais à l'aveuglette.

Lorsque je m'adresse à quelqu'un qui me connaît directement ou indirectement, j'accrois mes chances d'obtenir une réponse utile dans ma recherche.

Lorsque j'ai l'esprit libre, je suis plus efficace dans mon travail

Lorsque je fais un travail qui me plait, me passionne, je suis un bon professionnel de ce job.

Lorsque je réalise les bonnes actions au bon moment, j'optimise mes chances de succès.

Lorsqu'un vendeur me propose un vêtement qui ne me convient pas, je sais qu'il ne sert à rien d'insister. Il est inutile de dépenser de l'énergie pour un emploi qui ne me convient pas.

Lorsque j'ai quelque chose à offrir, je suis plus à l'aise que lorsque je suis demandeur.

Lorsque je crois en moi, en mes chances de succès, je multiplie les occasions de déboucher.

Autant d'évidences simples que malheureusement nous sommes tentés d'oublier dès que nous succombons au poids de l'enjeu de la recherche. Il n'est donc pas inutile de nous redire jour après jour de telles évidences, surtout lorsque notre entourage "bien intentionné" nous répète le contraire à loisir.

## COMMENT FAIRE POUR TROUVER UN EMPLOI ?

Le parcours se décompose en un certain nombre d'étapes incontournables. Nous indiquons son ordre logique, mais chacun l'accomplira à son rythme et comme il le peut.

### Liquider autant que possible le passé : tourner la page.

À l'AEPV, nous avons souvent constaté que la rancœur vis-à-vis de l'employeur précédent, surtout lorsqu'il a mis fin au contrat dans des conditions discutables, pèse lourd dans la recherche. Et si ce n'est pas le cas, les regrets de la situation précédente nous empêchent d'être disponibles à cette nouvelle étape de notre vie qui commence.

Une étape de deuil est souvent le premier pas de la recherche d'un emploi.

### Nous tourner résolument vers l'avenir.

Notre nouvelle **priorité** est de trouver un nouvel emploi, et non d'investir toute notre énergie à effectuer un préavis de manière parfaite, à régler par voie juridique nos comptes avec le passé, ou de continuer à rêver à la douceur d'être étudiant.
Respecter nos priorités et nous dire qu'il y a un temps pour tout, en faisant l'inventaire précis de tout ce qui nous préoccupe au moment de commencer notre recherche est une base solide sur laquelle nous allons pouvoir construire ensuite.

### Établir notre projet professionnel.

Avant même d'entreprendre des démarches, il est essentiel de pouvoir répondre clairement et sobrement à la question suivante : quel est mon projet ? Ou son corollaire : que cherches-tu ?

De plus, il s'agit de définir le "prix" que nous sommes prêts à payer pour ce nouvel emploi autant que l'emploi lui-même, les conditions d'exercice de cet emploi tant pour nous que pour notre famille.

Cette étape se concrétise par la rédaction en quatre lignes maximum de notre projet professionnel, qui doit être validé par deux types d'experts - ceux qui nous connaissent bien et peuvent nous confirmer qu'ils nous reconnaissent bien dans ce projet, - ceux qui connaissent bien le marché et peuvent confirmer que le type d'emploi visé correspond bien à une réalité offerte sur le marché.

### *Rédiger notre C.V.*

Rédigé après l'écriture du projet, il le mentionnera en tête et sera conçu par rapport à lui. Les éléments qui y seront repris viennent apporter au lecteur les raisons qui crédibilisent le projet et les moyens sur lesquels nous nous appuierons pour la mise en œuvre.

Rédigé avant, il peut être un moyen privilégié de relecture du passé.

### *Préparer et organiser notre campagne.*

D'une démarche qui jusqu'ici était centrée sur nous, nous passons à la constitution de notre réseau.

Le réseau n'est pas le tissu de relations dont nous disposons, mais celui que nous allons systématiquement démarcher pour lui communiquer notre projet accompagné de la question : " qui connais-tu qui puisse m'aider à aboutir dans ce projet" ?

Dans cette phase, nous veillons à garder la maîtrise des contacts ( en nous assurant d'avoir toujours un contact comme dans la technique de la corde à nœuds) et à tirer les leçons de chaque contact.

*Conclure.*

Les contacts que nous avons pris vont déboucher sur des rendez-vous, au cours desquels nous aurons à vérifier l'**adéquation** de notre projet avec celui de l'entreprise qui recrute.

Rappelons-nous pendant cette phase que nous cherchons un bon emploi, c'est-à-dire un emploi qui nous convienne, dans lequel nous avons de bonnes chances de nous épanouir et dans lequel nous serons motivé à donner le meilleur de nous -même.

## *Notes personnelles*

•Ai-je conscience que le processus de ma recherche d'emploi se décompose en plusieurs étapes ?

.................................................................................................................

.................................................................................................................

.................................................................................................................

.................................................................................................................

•Ai-je conscience de l'étape dans laquelle je me trouve actuellement dans ma recherche d'emploi ?

.................................................................................................................

.................................................................................................................

.................................................................................................................

.................................................................................................................

# L'ESTIME DE SOI

Lorsque quelqu'un perd son emploi, sa première réaction est d'abord : "En quoi suis-je responsable de ce qui m'arrive ? et ce "responsable" signifie "coupable". Parallèlement, ce qui lui procurait une insertion sociale, une position lui est retiré. C'est le **vide**, dans lequel s'installe le **doute** sur soi-même.

Tout travail procure en effet le sentiment d'être **utile** à quelque chose ou à quelqu'un. Même lorsqu'il est vécu difficilement, il garde bien souvent une justification alimentaire pour soi-même pour la famille qu'il permet de faire vivre.

Priver de travail quelqu'un, c'est le mettre brusquement en face de la question de son utilité, c'est le fragiliser en lui retirant l'image sociale et familiale sur laquelle il est en partie construit. Et lorsque parfois le conjoint exerce un emploi au moment où lui-même en est privé, cette perte de statut peut être encore plus durement ressentie.

Il s'engage alors une spirale qui, si nous n'en prenons pas conscience, peut mener jusqu'à la dépression : plus de travail = plus de valeur aux yeux des autres = plus d'estime de soi. Car, lorsque l'inutilité fait perdre la valeur que nous nous donnons aux yeux des autres, s'installe un sentiment de non-valeur personnelle, un dégoût de soi. Ce qui rend parfois difficile de se lever le matin, lorsque l'on est au chômage, c'est de se regarder en face avec un regard positif.

## *Comment ne pas tomber dans le piège de cette spirale ?*

♦ En prenant tout d'abord conscience de ce danger. Tout chercheur d'emploi doit savoir qu'il est confronté, à un moment ou à un autre, à ce passage qui consiste à vivre son chômage comme un échec personnel introduisant le doute sur lui-même. "Un homme averti en vaut deux" dit le proverbe, et il n'est pas trop d'être deux pour conserver une image positive de soi. Mais cela ne suffit pas.

♦ En cherchant de manière systématique à fréquenter les personnes qui aident à redonner confiance, et en fuyant celles qui insécurisent. Lorsqu'un chercheur d'emploi vit dans un climat d'angoisse et de non-dit familial, l'ensemble des contacts qu'il a sont faussés et il est préférable de l'aider à en sortir pour retrouver des contacts confiants et stimulants.

♦ Pour certains, il peut être utile de rechercher d'abord une activité - même bénévole - dans le domaine caritatif, associatif... où ils feront l'expérience d'être utiles à quelqu'un. Pour d'autres, une activité de quelques heures d'enseignement à des jeunes leur apportera cette possibilité de retrouver de la valeur aux yeux des autres. Dans ces deux cas, cette activité où l'on donne de soi aux autres sera une précieuse occasion d'être reconnu par d'autres. L'expérience concrète des filleuls de l'AEPV nous fait dire qu'il vaut parfois mieux accompagner quelqu'un dans la recherche d'un travail bénévole dans un premier temps, afin de lui permettre de retrouver l'estime de soi qui lui permettra ensuite d'engager sa recherche d'emploi.

Il ne sert à rien à quelqu'un de rechercher un emploi s'il n'a pas suffisamment d'estime de soi, car l'estime de soi est comme le sol sur lequel nous allons bâtir notre recherche. Au cours de ce travail, il est possible que nos fondations se trouvent ébranlées et il sera essentiel que nous puissions conserver suffisamment de confiance en nous pour persévérer dans notre recherche.
Si quelqu'un n'a plus confiance en lui la première tâche sera de l'aider à retrouver un capital confiance suffisant pour lui permettre de faire la route vers un emploi, qui est parfois longue et semée d'embûches.

Voici quelques pistes pour renforcer la confiance en soi :

- Oser regarder avec fierté ses réalisations.
- Prendre conscience de ses talents.
- Rencontrer des personnes qui nous encouragent, qui sont des "supporters ".
- Prendre de la distance avec les personnes qui nous " détruisent ".
- Regarder ses limites avec humour.
- Prendre le temps de fêter ses succès.

## *Notes personnelles*

•Quels sont les "supporters" qui me donnent du tonus dans cette période ?

..........................................................................................................................
..........................................................................................................................
..........................................................................................................................
..........................................................................................................................

•Ai-je pris des distances avec les personnes qui me "pompent mon énergie " ?

..........................................................................................................................
..........................................................................................................................
..........................................................................................................................
..........................................................................................................................

•Quelles sont les réalisations, les activités dont je suis fier et qui me donnent une image positive de moi ?

..........................................................................................................................
..........................................................................................................................
..........................................................................................................................
..........................................................................................................................

•Quel succès puis je fêter en ce moment ?

..........................................................................................................................
..........................................................................................................................
..........................................................................................................................

# CHERCHER AVEC L'AIDE D'UN AUTRE

Lorsqu'un chercheur d'emploi nous contacte pour la première fois, à l'AEPV, nous lui conseillons vivement de ne pas rester seul, isolé dans sa recherche d'emploi. Si nous n'avons qu'un conseil à donner, c'est celui-là : ne restez pas seul.

Pourquoi ? Bien sûr il y a la solitude psychologique de celui ou celle qui est coupée des autres par sa situation de non-emploi : bien souvent le chercheur d'emploi se sent et se vit exclu. À ce titre briser la solitude est essentiel, mais il y a une autre raison bien plus déterminante encore : nous avons besoin du regard de l'autre pour nous construire.

Oui, singulièrement lorsque nous sommes en recherche de nous-même, nous avons besoin d'une présence bienveillante, non impliquée dans notre situation, qui puisse nous accompagner, nous aider à voir clair.

L'AEPV propose l'aide de ce tiers que nous appelons parrain. Quelle est sa mission ?

- ♦ Permettre au chercheur d'emploi (le filleul) de formuler son projet professionnel
- ♦ Permettre au filleul de voir clair dans ses choix

- ♦ Renvoyer au filleul sa propre image, l'aider à s'écouter et se voir en train de réfléchir, décider, agir
- ♦ Oser questionner le filleul pour qu'il accroisse son espace de liberté

- ♦ L'aider à tenir les engagements qu'il prend pour avancer

14

Et il ne peut le faire que parce qu'il croit dans son filleul et qu'il a le désir de lui communiquer cette foi en lui, de réchauffer la flamme de l'estime de soi.

Nous avons besoin des autres pour notre propre développement et malheureusement lorsque nous sommes arrêtés dans notre développement, notre premier réflexe est de nous isoler comme l'animal blessé qui se met à l'écart pour lécher ses plaies.

## *Que pouvons-nous attendre de l'autre, des autres ?*

Nous savons bien que nous n'attendons pas un conseil, une réponse à nos questions. Nous attendons d'être écoutés. Aussi, sachons distinguer dans notre recherche d'emploi celui qui nous dit "À ta place, je ferai ou dirai..." de celui qui nous dit "Que veux-tu que je fasse pour toi ?"

Soit, mais pourquoi aurions-nous besoin des autres pour élaborer un projet professionnel ? Cela paraît d'autant plus saugrenu que le rôle du parrain, du tiers accompagnant mentionné plus haut n'est pas un rôle d'expert. Pourquoi aurai-je besoin de quelqu'un qui n'est même pas le spécialiste des techniques d'élaboration du projet professionnel ?

**Le regard de l'autre, celui qui met sa confiance en moi est essentiel à trois niveaux :**

- ♦ Il contribue à me révéler à moi-même : par ses questions, il m'aide à mieux cerner mes aspirations, mes compétences, mes aptitudes et mes valeurs, bref à prendre conscience de ce sur quoi je veux bâtir mon projet professionnel.

- ♦ Il contribue à m'aider à m'ajuster, à me voir tel que je suis et à me montrer tel que je suis vraiment, bref à reconnaître mes talents.

- ♦ Il contribue à m'aider à m'engager dans un choix réaliste et adapté à moi. Parce qu'il est libre vis-à-vis de mon choix, il peut m'aider à choisir librement à mon tour un emploi dans lequel je cherche à faire fructifier mes talents.

## *Notes personnelles*

•Y a-t-il quelqu'un auquel je pense et qui pourrait m'accompagner pendant cette période de recherche ?

.............................................................................................................................

.............................................................................................................................

.............................................................................................................................

.............................................................................................................................

•Qu'est ce qui pourrait m'aider à prendre contact avec cette personne ?

.............................................................................................................................

.............................................................................................................................

.............................................................................................................................

.............................................................................................................................

# SE RESPECTER DANS SA RECHERCHE D'EMPLOI

La recherche d'un nouvel emploi est un travail exigeant et rigoureux. Elle doit être abordée avec professionnalisme, mais aussi avec le réel souci de se respecter dans cette étape de sa vie.

•Cette situation est la plupart du temps vécue avec angoisse.

•Cette situation nous fait perdre ou douter de la confiance que nous avions en nous.

•Cette situation met sur nous une forte pression d'enjeu.

•Cette situation a rompu un équilibre avec notre entourage, et cela génère des tensions.

*Aucun discours ne pourra rien y changer.*

Mais nous sommes libres de nous laisser gagner et de céder à ces quatre fléaux ou de tout mettre en œuvre pour :

• Trouver le moyen de calmer nos peurs

• Retrouver la confiance

• Diminuer la pression

•Garder un équilibre relationnel

## *CALMER NOS PEURS*

La peur isole et enferme, l'angoisse insécurise. Il est en notre pouvoir de **briser la solitude**, en trouvant un ami en qui nous avons confiance.

Deux erreurs sont à éviter :

◆ Cet "ami" ne peut être mon conjoint ou une personne impliquée dans ma situation, car ils sont confrontés à leurs propres peurs ou réactions.

- Cet "ami" ne peut généralement pas être lui-même demandeur d'emploi comme moi car il ne s'agit pas de trouver quelqu'un qui me comprend, une âme compatissante mais quelqu'un qui me tende la main, et m'apporte un réel soutien.

## *RETROUVER LA CONFIANCE EN SOI*

Il y a beaucoup d'activités (bricolage, loisirs, sports ou enseignement...) dans lequel nous sommes naturellement valorisés parce que nous y avons un réel talent.

Rechercher systématiquement ces activités et veiller à les exercer est une aide précieuse dans notre recherche d'emploi.

De même, il y a des relations qui sont pour nous vitalisantes parce que nous nous sentons accueilli par ces personnes sans étiquette et sans jugement. Elles voient en nous l'ensemble de notre personne et pas simplement le chercheur d'emploi.

Rechercher systématiquement ces "vrais amis", nos "supporters", les fréquenter est indispensable pour éviter de nous enfermer dans une spirale d'échec.

## *DIMINUER LA PRESSION D'ENJEU*

Jamais personne encore n'a couru le marathon à un rythme de sprinter sans s'effondrer brutalement. Il y a lieu de respecter nos rythmes physiques et de les adapter aux phases de notre recherche, la phase "intérieure" de l'élaboration du projet, la phase "dynamique" de la campagne.

Savoir nous arrêter pour "promener notre chien" ou "jouer de la flûte" avant un entretien d'embauche nous permettra également de ne pas nous laisser paralyser par l'enjeu.

## *GARDER UN EQUILIBRE RELATIONNEL*

Les bouleversements sont suffisamment importants dans l'entourage immédiat pour ne pas compliquer la situation en voulant de grands changements. Le maintien d'un climat familial où ce que nous vivons est pris en compte sans être dramatisé permettra à chaque membre de la cellule familiale de s'adapter plus facilement que si le mensonge s'installe ou si l'angoisse est amplifiée.

Il y a des relations familiales vitalisantes à rechercher et des pièges relationnels à éviter.

En conclusion, n'oublions pas qu'il est essentiel de prendre soin de notre santé physique et morale de façon toute spéciale pendant cette période de recherche d'emploi. Nous avons déjà tendance à la négliger dans des conditions normales, mais en période de recherche les conséquences sur le succès de notre démarche sont immédiates.

### *Notes personnelles*

• Quelles sont les peurs qui me parasitent en ce moment ? Je les nomme et je refuse de les laisser me dominer

…..............................................................................................................................

…..............................................................................................................................

•Quelles sont les petites choses qui peuvent me permettre un meilleur équilibre relationnel en cette période ? ?

…..............................................................................................................................

…..............................................................................................................................

# LE PROJET PROFESSIONNEL

Il est courant d'entendre dire que pour trouver du travail dans un marché devenu difficile il est important de ne pas se montrer difficile, d'être prêt à tout, voire à saisir n'importe quelle opportunité d'emploi plutôt que de devenir inactif.

Notre expérience d'accompagnement de cadres en recherche d'emploi à l'AEPV démontre le contraire : trouvent un bon emploi ceux qui savent ce qu'ils cherchent, ceux qui ont précisé leur recherche, bref ceux qui sont "offreurs d'un projet professionnel" et non demandeurs de n'importe quel emploi.

Le projet professionnel est en effet la clef du succès dans la recherche d'un travail mais souvent cette notion est mal comprise et déformée.

Quel que soit son niveau de diplômes, de compétence ou d'expérience, chaque personne est dotée d'une dynamique de croissance qui la pousse à avancer dans la vie. Et cette force, loin d'être aveugle, est étonnamment cohérente lorsque chacun prend la peine de relire sa trajectoire passée en en cherchant le fil conducteur, le fil rouge.

Alors même que de jeunes adultes n'ont pas encore engagé leur vie professionnelle il est parfois possible de faire avec eux cet exercice de recherche de leur fil rouge pour identifier clairement ce qui donne poids et sens à leur existence et dans lequel ils aimeraient inscrire un engagement professionnel.

Bâtir mon projet professionnel, c'est identifier ce qui est moteur dans mon existence et pour lequel j'aimerais m'investir. Il y a donc corrélation forte entre le **projet de vie**, le comment je veux réussir ma vie et le **projet professionnel**.

◆ Le projet professionnel n'est pas un rêve fou. S'il rejoint mes passions, il doit prendre en compte les réalités de ma personne et du marché. Il est concret et réaliste.

C'est la raison pour laquelle le projet professionnel doit être validé par deux types d'expert : ceux qui me connaissent et m'estiment compétent, capable de m'épanouir dans ce nouveau métier, et ceux qui confirment que le marché est bien demandeur du type d'emploi auquel j'aspire dans mon projet.

◆ De l'élaboration du projet professionnel à la conclusion d'un contrat de travail, il y a tout un chemin.

Formuler ce projet pour entrer en capacité de le communiquer brièvement et précisément, définir des contraintes acceptables dans la mise en œuvre, le **"prix à payer"** pour exercer l'emploi, faire campagne active pour trouver une entreprise dont le projet stratégique est en adéquation avec le projet professionnel, tout cela constitue un vrai "métier", une occupation à plein temps.

Dans cette démarche, le projet professionnel est une notion vivante et non un carcan rigide. Il exprime la dynamique, le sens que je veux donner à mon prochain emploi ainsi qu'un certain nombre de conditions objectives de cet emploi. Il ne peut se résumer à une fonction donnée dans une entreprise ou un groupe d'entreprises donné. Au cours de la démarche de recherche - confrontation avec les experts, entretiens d'embauche - mon projet va évoluer, se préciser en s'adaptant au réel. Il s'**ajuste** et devient, tout en avançant, du "sur - mesure".

Trop souvent malheureusement cette notion est mal comprise et cela provoque deux problèmes :

1.Le demandeur d'emploi voit le projet comme un carcan dans lequel il risque de "s'enfermer", de perdre de la souplesse dans sa recherche.

2.Lorsqu'il a établi son projet, il omet de le faire évoluer de l'adapter au fur et à mesure de sa campagne.

Dans cette dynamique, le demandeur d'emploi se transforme en "offreur de projet" qui recherche de manière organisée et systématique une entreprise capable de recevoir son offre, c'est-à-dire de lui proposer un emploi qui s'intègre dans un projet d'entreprise dont la réussite passe par celle de son projet individuel.

L'embauche marque l'**adéquation**, à un instant donné, entre deux projets : celui de l'entreprise et celui du salarié.

## _Notes personnelles_

•Lorsque je parle de mon projet professionnel, suis-je au niveau de ma tête ou est-ce que j'en parle avec mes tripes ?

……..............................................................................................................

…...............................................................................................................

•Mon projet professionnel prend-il en compte ce qui me dynamise ? Ou au contraire banalise-t-il mon expérience en la réduisant à des généralités ?

……..............................................................................................................

…...............................................................................................................

•Parmi l'ensemble des activités professionnelles que je suis capable de faire, quelle est celle que j'ai vraiment envie de faire ?

……..............................................................................................................

…...............................................................................................................

# LES FONDEMENTS DU PROJET PROFESSIONNEL

Un projet professionnel ne s'établit pas en quelques minutes. Plusieurs semaines sont nécessaires à son établissement. Il ne s'agit pas d'une réflexion intellectuelle seulement mais d'un véritable processus de maturation qui vient nous solliciter dans la totalité de notre personne.

Il ne sert donc à rien de vouloir forcer l'élaboration du projet professionnel. Pendant cette période, il s'agit davantage d'accueillir un à un les fondements sur lesquels peut se construire notre projet, comme si l'on rassemblait d'abord toutes les pièces d'un puzzle avant de chercher à les assembler.

Le projet professionnel se fonde d'abord sur des **ressources** personnelles : en ce sens il repose sur quatre piliers.

* Nos **compétences** : Ce sont des savoirs qui nous sont reconnus par les autres et que nous avons mis en œuvre. Il y a trois types de savoirs.

- ♦ des *connaissances*, comme savoir compter ou ...connaître les règles de l'écoute.

- ♦ Des *savoir-faire*, comme savoir monter un bilan ou ... savoir animer un groupe ou une réunion.

- ♦ des savoirs être ou des *qualités*, comme savoir prendre du recul à partir des chiffres d'une entreprise ou ... avoir de l'empathie.

* Nos **aptitudes** : Ce sont souvent les autres qui les voient mieux que nous, et si nous prenons le soin de les développer, elles peuvent devenir des **compétences**. Ce sont des savoirs, des savoir-faire, des savoirs être ou qualités *potentiels*.

* Nos **goûts** : Ce sont les puissants moteurs de nos actions qu'ils facilitent largement car il nous est bien plus facile de faire ce que nous aimons. En prendre conscience nous met souvent sur le chemin de notre dynamique personnelle et éclaire notre dynamique professionnelle. Ainsi, par exemple, le goût d'un sport est riche d'enseignement pour nous. Il y a lieu également de repérer quel goût nous avons pour tel ou tel univers professionnel.

* Nos **valeurs** : ce sont elles qui sous-tendent la manière dont nous nous comportons. Nos besoins peuvent nous mettre sur la piste de ces valeurs qui nous apprennent comment nous fonctionnons et dans quel type d'environnement nous avons une chance de nous épanouir. Ainsi en va-t-il de l'autonomie, de l'indépendance mais aussi parfois de valeurs morales essentielles pour nous et sans lesquelles nous nous sentons mal à l'aise.

Connaître les ressources sur lesquelles nous allons nous appuyer nous permet de constituer la plate-forme solide sur laquelle notre projet va se construire, mais cela ne suffit pas.

Il nous faut également faire l'inventaire de ce qui nous guide, de ce que j'appellerai l'**étoile** qui nous attire et vers laquelle nous souhaitons diriger nos pas.

* Nos **désirs** : il s'agit ici de nos aspirations profondes. L'homme est un être de désir ce qui le pousse sans cesse à se dépasser. Les passions, les désirs, les envies, quel que soit le terme que nous employons, sont à la racine de bien de nos projets, et avant même de vouloir consciemment nous désirons déjà plus ou moins concrètement. Il

s'agit également des vœux concernant notre rapport au temps et à l'argent dans notre travail.

* Notre **image de soi** : Nous avons tous une idée de ce que nous aimerions être aux yeux de notre entourage, et qui souvent s'exprime par une ressemblance avec un personnage célèbre ou une admiration pour un proche.

* Notre **sens de la vie** : Il s'agit du sens que nous donnons à notre existence, lorsque nous répondons pour nous-même à la question : Pour qui, Pour quoi je cours ?

* Nos **rêves** ou **visions** : Nous voyons ou rêvons ce que pourrait être notre avenir. Dans ces rêves ou ces visions, nous projetons souvent ce qui a du prix à nos yeux.

* Nos **utopies** ou **idéaux** : Il s'agit de ce à quoi nous croyons, et des convictions qui nous façonnent et nous structurent.

L'ensemble de ces éléments nous montre que nous ne sommes pas prêts à faire n'importe quoi. Chacun d'eux doit être examiné pour pouvoir ensuite déterminer nos **volontés**, c'est-à-dire ce que nous avons vraiment envie de faire.

Le Projet Professionnel est la rencontre de nos **volontés** et de nos **ressources** :

Il est *cohérent* s'il respecte nos volontés
Il est *réaliste* s'il prend bien en compte nos ressources.

Il ne reste plus alors qu'à le **valider** pour mesurer s'il est réaliste et cohérent par rapport à l'environnement et notamment au marché dans lequel il devra s'inscrire.

# L'ETOILE

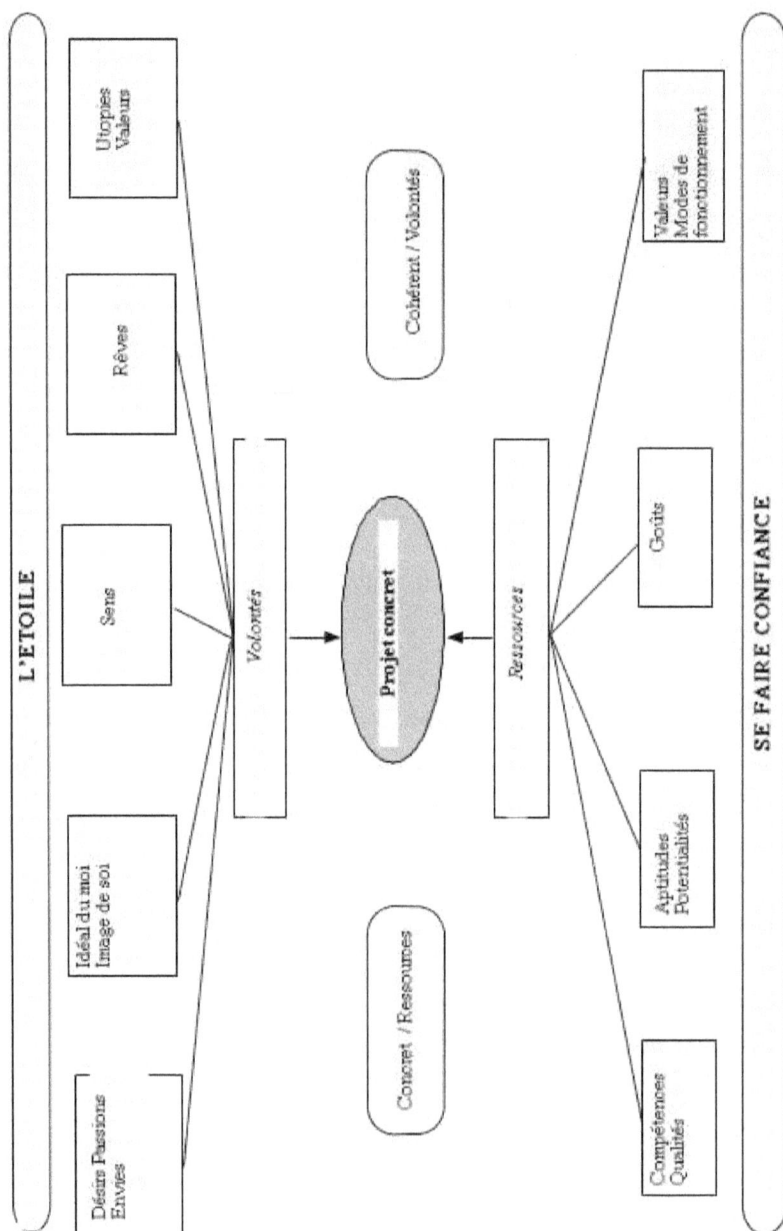

| | |
|---|---|
| Désirs Passions Envies | Idéal du moi Image de soi | Sens | Rêves | Utopies Valeurs |

**Volontés**

Cohérent / Volontés

**Projet concret**

Concret / Ressources

**Ressources**

| | | |
|---|---|---|
| Compétences Qualités | Aptitudes Potentialités | Goûts | Valeurs Modes de fonctionnement |

# SE FAIRE CONFIANCE

## *Notes personnelles*

•Que provoque en moi cette vision du projet professionnel ? suis-je prêt à prendre du temps pour m'arrêter et identifier les différentes ressources et volontés essentielles sur lesquelles je veux bâtir mon projet professionnel ?

...............................................................................................................................

...............................................................................................................................

...............................................................................................................................

...............................................................................................................................

•Puis-je noter telle ressource ou telle volonté personnelles que cette lecture m'a fait apparaître plus clairement ?

...............................................................................................................................

...............................................................................................................................

...............................................................................................................................

...............................................................................................................................

# ÉTABLIR SON

# PROJET PROFESSIONNEL

Différents moyens peuvent être utilisés pour faire l'inventaire de l'ensemble des ressources et des volontés qui sont les nôtres. Certains de ces moyens pédagogiques sont plus adaptés à la découverte de tel ou tel aspect. Nous allons les passer en revue en montrant leur spécificité.

## *LA RELECTURE DES MÉMOIRES.*

Le premier travail de quelqu'un qui élabore son projet professionnel est sans conteste l'écriture de ses "mémoires".

Par mémoires, nous entendons tous les souvenirs personnels dont la sensation reste vivante en nous et qui concernent des évènements ou des réalisations auxquels nous avons pris part, dont nous avons été acteurs. Il peut s'agir d'évènements professionnels comme d'évènements extra professionnels, qui sont également riches d'enseignements.

Il s'agit d'identifier de façon des moments précis, des actions précises (et non des ambiances ou des situations diffuses dans le temps), de ressaisir le sentiment de succès ou d'échec par exemple qu'ils nous ont procuré et de s'interroger sur les raisons de ce sentiment en essayant d'identifier les compétences, les goûts, les valeurs qui s'exprimaient au travers de cet évènement.

Les évènements constituent pour nous comme des pierres blanches ou des pierres noires qui jalonnent notre vie et notre expérience. Choisir une vingtaine de ces petits cailloux et regarder ce qu'il nous apprennent de nous-même sur nos ressources, c'est cela relire ses mémoires.

28

Une précision est nécessaire à cet exercice. Lorsque j'examine une pierre noire, un évènement douloureux, un échec, par exemple, ce qui m'importe c'est de rechercher la ressource qui n'a pas pu s'exprimer et non de me complaire dans le sentiment négatif vécu alors.

## *LA RELECTURE DES RÉALISATIONS PROFESIONNELLES ET EXTRAPROFESSIONNELLES*

Faire l'inventaire des réalisations dont nous sommes fiers constitue un travail riche d'enseignements. Pour les jeunes qui préparent la recherche de leur premier emploi, les stages effectués constituent une matière précieuse.

La relecture de ces réalisations nous apprend les ressources sur lesquelles nous nous appuyons, celles qui fondent nos actes mais elle nous révèle aussi de précieuses clefs sur les volontés qui nous guident. Nous apprenons parfois autant sur notre projet professionnel que sur le projet de vie plus large dans lequel il s'englobe.

## *LA RELECTURE DES CHOIX DE VIE*

Après avoir identifié les principaux choix réalisés dans notre vie au sens le plus large (les amis, le conjoint, les études, l'habitation...), il est bon de prendre le temps de comprendre ce qui nous a guidé dans ces choix, nos motivations personnelles.

Cette relecture pourra s'avérer particulièrement utile au cas où nous aurions à nous situer face à une proposition d'emploi qui ne nous satisfait pas complètement. Évaluer les chances de succès en acceptant cet emploi demande une bonne connaissance des aspirations profondes et des points qui sont vitaux pour nous, ceux sur lesquels il serait dangereux de transiger.

Si dans la vie professionnelle nous avons décidé de quitter une entreprise, la relecture de cet évènement devient essentielle pour ne pas reproduire la même difficulté sans avoir compris ce qui nous a poussés à partir.

Ces trois exercices de relecture sont souvent un moyen puissant pour nous aider à dégager les ressources clefs sur les quelle nous voulons prendre appui et percevoir l'espèce de fil rouge qui guidait nos actes et dont nous n'avions pas forcément pris conscience.

## *LA RÉACTION AUX OFFRES*

Cette méthode convient particulièrement aux tempéraments actifs qu'une démarche de relecture patiente et méthodique insécurise.

Elle consiste à reprendre les offres d'emploi que nous avons sélectionné au cours de la période de quinze jours précédents (que l'on y ait répondu ou non) et de chercher les raisons pour lesquelles nous les avons sélectionnées - qu'il s'agisse de facteurs objectifs : taille des entreprises, secteur géographique, compétences demandées, par exemple - ou de facteurs plus subjectifs : style de l'entreprise au travers de la rédaction de l'annonce, image de l'entreprise etc...

De la réflexion sur les critères qui nous font retenir **spontanément** telle offre ou rejeter telle autre peut naître petit à petit les contours de notre projet professionnel.

## *LA RÉACTION AUX PERSONNES*

En faisant le bilan de nos activités professionnelles ou extra professionnelles, généralement apparaissent ou réapparaissent dans notre paysage intérieur des personnes qui nous ont marqué par leur personnalité ou qui ont compté dans nos choix.

Il est souvent utile de dresser une liste de ces personnes et de regarder ce que chacune d'elles nous a apporté. Il ne s'agit pas de repérer le conseil avisé qu'elles nous ont donné, mais ce qui dans leur personnalité nous a éveillé à une qualité, un désir que nous avions enfoui en nous-même et que leur contact a permis d'identifier ou de développer.

Cette méthode permet notamment de mieux définir ce qui relève de l'idéal de soi, car les personnes à qui nous aimerions ressembler éveillent en nous ce qui nous aimerions être ou devenir. Tout se passe comme si nous entrions en résonance avec ces personnes.

## LE RÊVE FOU

Découvrir nos désirs les plus profonds n'est pas forcément chose facile, mais le rêve fou peut nous y aider.

Il s'agit d'écrire son projet sans aucune retenue à partir du point de départ suivant : " Et si je n'avais aucune contrainte d'aucune sorte, ni familiale, ni financière, que rêverai-je de réaliser ?"

Bien sûr, il faut oser rêver même si l'on a conscience que ce rêve n'est pas réaliste. Ce n'est que plus tard qu'il faudra reprendre le rêve.

A partir d'une question de ce type naît l'ébauche d'un projet, une première esquisse qu'il est possible de retravailler en l'adaptant au réel. Cette méthode ressemble à celle du peintre devant sa toile qui complète, enrichit, incarne de plus en plus la vision qu'il a en lui jusqu'à ce qu'elle soit devenue extérieure à lui, matérialisée dans un tableau. Le passage du rêve fou au projet professionnel se fait un peu de la même manière, dans un combat avec le réel pour conserver la vision tout en l'incarnant.

Ce chapitre n'a pas pour prétention d'être exhaustif ni pour vocation de proposer de choisir une méthode unique. Au contraire, de même qu'une même réalité prend tout son relief lorsqu'on l'éclaire sous des angles différents, il est intéressant de combiner toutes ces approches pour établir peu à peu son projet professionnel.

De ce travail, petit à petit les différentes briques avec lesquelles nous pouvons construire notre maison vont apparaître de plus en plus nettement. Il ne restera plus qu'à rassembler le tout dans la formulation du projet.

## *Notes personnelles*

\*Dans quel contexte favorable puis-je me mettre pour engager ce travail de relecture et d'écoute de qui je suis ?

.......................................................................................................................................

.......................................................................................................................................

.......................................................................................................................................

.......................................................................................................................................


♦Quels moyens, quelles actions vais-je mettre en œuvre pour faire ce travail personnel ? Par quelle méthode ai-je envie de commencer ?

.......................................................................................................................................

.......................................................................................................................................

.......................................................................................................................................

.......................................................................................................................................

# UN PROJET UNIQUE

Au démarrage de l'AEPV, nous avions l'intuition qu'il fallait élaborer un projet professionnel, un seul et unique. Régulièrement cette affirmation heurtait les chercheurs d'emploi qui venaient vers nous.

Après l'avoir expérimenté près de cinq cents fois avec succès, nous osons affirmer qu'un projet professionnel a d'autant plus de chance d'aboutir qu'il est unique. Et il est important de bien comprendre ce que nous voulons dire par là et quelles sont les implications d'une telle affirmation.

Chaque être est unique. Je suis unique, et le mélange composé de goûts, aptitudes, compétences et valeurs que je forme n'a pas son pareil. Alors faut-il comme me le disait un candidat à l'emploi "chercher à banaliser son parcours professionnel" qui était original et atypique ou au contraire chercher à établir en quoi notre offre est différente de celle d'autrui, en, mettant en valeur notre couleur propre, ce que nous appelons aussi notre "spécificité" ?
L'enjeu de la réponse à cette question, c'est souvent l'emploi lui même.

Tout recruteur un peu sérieux vous dira qu'il recherche un candidat pour un poste donné dont le profil n'a rien de stéréotypé. Il a besoin à un moment ou à un autre de sentir si l'emploi qu'il propose répond aux attentes du candidat, et pas simplement d'entendre un candidat lui démontrer qu'il a l'ensemble des qualités requises pour le poste. Autrement dit, et face à un choix entre plusieurs candidats possibles, le recruteur choisira celui dont le projet colle le mieux à l'emploi proposé.

Un projet unique ? Parce que je suis moi-même unique, différent des autres et que, ce faisant je mets en avant ce qui m'intéresse vraiment. C'est cette vérité que le recruteur risque de retenir au moment de son choix final en cas d'hésitation entre plusieurs candidats aptes à l'emploi recherché.

### *Quelles en sont les implications ?*

♦ En construisant un projet professionnel unique, nous prenons incontestablement un risque, celui de nous engager à fond dans une direction donnée. Tout le paradoxe est là : en nous engageant de telle manière, nous avons plus de chance de trouver un emploi qu'en dispersant nos énergies dans plusieurs directions. Nous sommes bien plus dynamisés par la recherche d'un emploi qui nous correspond vraiment, jusque et y compris dans ses spécificités plutôt que de rechercher un poste désincarné, sans chair ni couleur.

♦ Enfin un projet professionnel unique n'est pas synonyme d'une fonction unique. La vie nous montre que, principalement dans les PME (et aujourd'hui ce sont elles qui recrutent surtout), l'intitulé d'une fonction ne veut rien dire. Il faut en vérifier le contenu car souvent celui-ci n'est pas figé. Si le besoin de l'entreprise répond à un projet précis, la nature de l'emploi à pourvoir est susceptible d'évoluer en fonction du profil des candidats aptes à un tel emploi.

Plus le projet du candidat est précis et personnalisé, plus il est possible de vérifier au cours de l'embauche les chances réelles de succès dans l'emploi. Il devient même parfois possible d'adapter le poste pour que l'adéquation entre le projet personnel et projet de l'entreprise soit plus complète.

♦ Il est possible qu'à un instant T nous soyons vraiment tentés de partir dans deux directions différentes pour la recherche d'un nouvel emploi. Ce peut être une hésitation entre continuité et rupture par rapport à nos emplois précédents. Ce peut être un doute sur notre réelle capacité à prendre un risque à un instant T. Là encore, la démarche d'un projet professionnel unique est intéressante parce qu'elle nous oblige à choisir un "cheval de tête" dans notre attelage ou à nous dire "je me donne telle échéance pour ce projet". De ce fait elle nous amène à rassembler toutes nos forces dans une direction donnée et à en tirer les leçons. En sortant de l'hésitation ou du doute nous expérimentons le bien-fondé de la voie que nous avons privilégiée et les contacts en réseau vont nous renseigner plus utilement.

♦ En choisissant une voie unique que nous cherchons à faire aboutir nous sommes pleinement attentifs à toute occasion ou opportunité qui nous permettra d'aller en ce sens. Notre écoute du marché est meilleure, car moins dispersée et plus pointue.

♦ D'autre part, savoir ce que nous cherchons ne nous enferme pas mais nous conduit à **ajuster** notre projet professionnel. Un projet unique ne veut pas dire un projet figé. Au contraire, l'avancée ciblée de notre campagne pour faire aboutir notre projet nous amène à nous remettre sans cesse en cause. C'est la dynamique même de tout projet - de recherche d'emploi ou dans tout domaine de vie - que de le réactualiser et de l'adapter tout en avançant.

# AJUSTER SON PROJET PROFESSIONNEL

À l'AEPV, lorsque nous parlons de projet professionnel à quelqu'un qui se heurte aux difficultés du marché du travail, il arrive que sa réaction soit vive : " il est absurde, voire dangereux d'avoir UN unique projet alors que le marché offre déjà si peu de possibilités. En agissant ainsi, je me bloque des possibilités de trouver quelque chose qui me convienne, et d'ailleurs depuis le temps que je cherche j'ai appris à ne pas me montrer trop difficile".

Et pourtant, force est de constater à partir de l'expérience accumulée par les filleuls que le problème ne se pose pas en ces termes. Au contraire, plus nous avançons, plus nous constatons que la démarche du projet professionnel unique est un levier puissant pour trouver un bon emploi.

Alors d'où vient la difficulté ?

Il me semble qu'elle réside dans la bonne compréhension de ce qu'est un **projet professionnel** *concret et réaliste*. Il s'agit de mettre au jour et de formuler de manière précise ce qui, en fonction de nos goûts, de nos compétences, nos aptitudes et nos valeurs, nous permettra d'apporter une **contribution spécifique** à la mise en œuvre d'un projet d'entreprise. Il est clair que, si nous pouvons apporter une contribution à une multitude de projets, nous l'apporterons d'autant mieux que le projet nous motive, emporte notre adhésion et pourquoi pas notre passion. Il est clair aussi qu'en fonction de tout ce qui constitue notre personnalité nous apporterons une réponse spécifique et originale puisque nous sommes uniques.

Alors comment concilier le caractère unique de notre projet avec la réalité d'un marché qui évolue en permanence ?

Après l'étape de vérification du projet professionnel auprès des experts - experts de ma personne et experts du marché - nous sommes, lors de la campagne, confronté aux réactions des personnes du réseau que nous mettons en œuvre et à celles des employeurs potentiels qui nous répondent voire nous convoquent à un entretien. C'est alors qu'il est important de "débriefer" toutes ces réactions, tous ces entretiens en nous posant la question : qu'est-ce que cela m'apprend sur mon projet ?

Cette confrontation nous permettra de nous adapter à la réalité, de nous **ajuster** :

- ♦ Sur le type de contribution spécifique que nous sommes à même d'apporter sur un marché donné,( par les réactions des uns et des autres à notre profil).

- ♦ Sur la cible d'entreprises susceptibles de nous correspondre à notre offre,( si nous constatons qu'un segment est aujourd'hui bouché, mais que d'autres nous sont suggérés).

- ♦ Sur le rythme de notre recherche en fonction du nombre de contacts déclenchés.

Ainsi au lieu de nous enfermer dans un carcan étroit, le projet professionnel est ce qui va nous guider et nous permettre d'unifier, de dynamiser et d'élargir de façon ajustée toute notre recherche.

## *Notes personnelles :*

•Quelle va être ma contribution spécifique, ma valeur ajoutée personnelle dans le type d'emploi auquel j'aspire ?

...........................................................................................................................

...........................................................................................................................

...........................................................................................................................

...........................................................................................................................

•Ai-je pris le temps de valider mon projet auprès des experts (ma personne et le marché) ?

...........................................................................................................................

...........................................................................................................................

...........................................................................................................................

...........................................................................................................................

•Sinon, quels peuvent être ces experts ?

...........................................................................................................................

...........................................................................................................................

...........................................................................................................................

...........................................................................................................................

•Après leur rencontre, que m'ont-ils appris sur la pertinence de mon projet ? À partir de ces réactions dois-je préciser ou reformuler mon projet ?

...........................................................................................................................

...........................................................................................................................

...........................................................................................................................

...........................................................................................................................

# LE PROJET, UNE AFFAIRE DE VISION ET RECONNAISSANCE

Lorsque l'homme forme un projet, il devient visionnaire. Et c'est parce que l'homme **voit** qu'il peut réaliser ensuite. Or aujourd'hui l'abondance des images disponibles amoindrit en nous cette capacité de visionnaire. Aussi lorsque nous "faisons projet de", il nous faut être attentif à en accueillir la vision.

De plus aujourd'hui la notion de projet évoque souvent une planification, plus qu'une dynamique qui - comme le dit le sens étymologique - nous "jette en avant". La plupart d'entre nous voient dans la notion de projet un découpage en séquences différentes... mais cette représentation du projet rend davantage compte de ses conditions de mise en œuvre que de ce qui nous pousse.

Nous rendons compte de tout ce qui "raisonne" dans la notion de projet. Mais nous avons oublié la résonance de vibration intérieure qui nous animait à sa conception.

Revenons à cette vibration intérieure, car c'est à cet instant précis que nous commençons à entrer dans la vision. Et il nous faut apprendre à demeurer en présence de la vision un moment, et ce pour deux raisons

♦ L'ampleur du projet dépend directement de notre capacité visionnaire. Plus j'accueille intérieurement la vision de mon avenir, plus j'enrichis ensuite mon projet et plus je cultive ma foi dans le projet. Il est plus facile de mettre en œuvre "ce que mes yeux ont vu"

♦ La reconnaissance dans ce qui se présente à nous d'opportunités pour mener à bien notre projet dépend de la clarté et de la force de la vision. C'est parce que je suis dans la clarté et la force de ma vision que je "reconnais" les opportunités pour mener à bien mon projet. Il me sera facile de reconnaître ce que mes yeux ont vu. Au contraire, si je dois m'aventurer dans les dédales et l'obscurité, je risque de me perdre ou de perdre le fil conducteur.

## *Notes personnelles*

•Dans quel domaine suis-je "visionnaire" ?

.................................................................................................................................

.................................................................................................................................

.................................................................................................................................

.................................................................................................................................

•À quels moments ai-je eu l'impression de reconnaître des opportunités dans le cadre de mon projet ?

.................................................................................................................................

.................................................................................................................................

.................................................................................................................................

.................................................................................................................................

•Qu'est-ce que la réponse à ces deux questions m'apprend sur mon projet ?

.................................................................................................................................

.................................................................................................................................

.................................................................................................................................

.................................................................................................................................

# TROUVER UN EMPLOI,

# C'EST MOURIR À SOI-MÊME

À l'AEPV, lorsque nous entendons des chercheurs d'emploi expliquer comment ils ont retrouvé un emploi, nous sommes frappés de constater que tous, pour y parvenir, ont dû faire le **deuil** de certaines convictions, attitudes, habitudes... qui étaient les leurs. Évoquons quelques exemples, sans prétendre être exhaustif :

## *LE DEUIL DE L'EMPLOI PRECEDENT*
Qu'il s'agisse de l'étudiant qui doit rompre avec son passé d'étudiant ou du cadre licencié après avoir donné beaucoup à l'entreprise qui l'employait, il y a là un cheminement personnel qui consiste à renoncer à son passé, à faire la paix avec lui pour se tourner vers l'avenir.

Il s'agit également de renoncer au confort d'une situation connue (même si elle était vécue difficilement, elle était confortable parce que connue), de se désinstaller pour pouvoir aborder une étape nouvelle de la vie.

## *LE DEUIL DES ILLUSIONS*
Parce qu'il y a une confrontation intense au réel, cette époque de recherche d'emploi rabote et notamment met à mal les illusions sur soi-même, sur les autres et sur le monde de l'entreprise. Nous parlons d'illusions et non de rêves, car il est indispensable de faire attention à ne pas abandonner ses rêves au moment où l'on perd ses illusions.

Illusions sur soi-même, sur l'une ou l'autre de ses capacités qui n'est pas à la hauteur de ce que le marché réclame, sans renoncer à rêver ambitieusement.

Illusions sur les autres, sur les "amis" présumés solides et qui s'éloignent par peur du chômage, sans renoncer à rêver de relations vitalisantes avec les vrais amis.

Illusions sur le monde de l'entreprise, celles qui naissent de la fascination de certaines "images" attirantes qui ne correspondent pas à la réalité, sans renoncer à rêver d'entreprises où se développer soi-même est possible.

## LE DEUIL D'UNE FORME D'ÉQUILIBRE DE VIE

Exercer un emploi procure toute une structure qui permet d'organiser sa vie. Perdre son emploi détruit cet équilibre. Tant que nous ne l'avons pas accepté, nous vivons dans le domaine des regrets et du passé, mais nous ne sommes pas vraiment acteurs de cette nouvelle période de notre vie.

S'il est vrai que plus rien ne vient provoquer le lever matinal, occuper l'esprit au long des journées, il y a à faire le deuil de cet état pour oser repenser complètement notre emploi du temps en y créant aussi des opportunités nouvelles par rapport à l'emploi précédent.

## COMMENT FAIRE LE DEUIL ?

"Faire le deuil", ce n'est pas "oublier", "enfouir". C'est se nourrir de son histoire pour grandir. C'est regarder en face, c'est ouvrir les yeux, même si ça fait pleurer...

"Faire le deuil", c'est un chemin. Ne pas le faire, c'est s'arrêter en route, bloquer la vie.

"Faire le deuil", c'est accepter. Accepter ce qui **est** : j'ai perdu ce à quoi je tenais - mon travail, la considération, la confiance... Accepter de tourner la page pour s'ouvrir à de nouvelles possibilités et opportunités.

C'est difficile. Faire le deuil d'un emploi, ç'est choisir de passer du "ON" à "JE".

> "ON" m'a signifié mon licenciement.

> "ON m'a mis à la porte, ON m'a viré"

Je peux passer ma vie à "ne pas pouvoir l'avaler" et à regarder en arrière...

Passer au JE, c'est dire JE consens à cela. Je n'ai plus cet emploi, mais je choisis d'aller de l'avant et d'être offreur de projet ailleurs.

Le "ON" va réveiller tous les "ON" du passé. Cela veut dire que les sentiments d'aujourd'hui vont être augmentés des sentiments du passé liés à des situations semblables. Les deuils non faits vont ainsi se surajouter.

Pour avancer, il faut accepter de laisser vivre des émotions, des sentiments, des réactions plutôt connotées négativement.

- Se donner le droit d'avoir mal... et de l'exprimer

- Se donner le droit d'avoir de la colère... et il faut la sortir de soi sinon elle va nous ronger et s'installer en aigreur, en ressentiment.

- Se donner le droit d'être en désarroi ou de se sentir coupable.

Ces sentiments, ces émotions sont des éléments du chemin si nous nous autorisons à les vivre. Si nous les exprimons, ils nous emmènent ailleurs. Ils sont de la vie charriée. La vie est dedans, derrière. Comme un fleuve pendant la débâcle. Il charrie de tout. Il dérange. On ne le reconnaît plus. Mais il faut que ça passe pour que le cours vivant reprenne.

Chacun doit trouver des moyens qui lui conviennent pour vivre cela. Mais, quelle que soit la manière, il y a des attitudes fondamentales qui peuvent aider à le vivre.

D'abord, l'**humilité** face à soi-même. Eh bien oui, j'en suis là, même si ça ne me paraît pas glorieux à mes propres yeux, même si ça dérange l'image que j'ai de moi.

43

Puis la **douceur** avec soi-même. Essayer de prendre soin de soi-même, comme on prend soin de son propre enfant quand il traverse une étape difficile.

**Concrètement** ?

- ♦ Seul face à soi... accepter ce qui vient et le laisser s'exprimer. Écrire est souvent un bon moyen. Sortir de soi la souffrance. "J'ai mal... je leur en veux parce que... je me sens... etc..."

- ♦ En plus de cette expression par écrit, il peut y avoir aussi d'autres moyens. Il y a certaines symphonies qui transpirent la colère ! Parfois une cure de Beethoven peut crever un abcès de colère contenue !

- ♦ Également, parfois trouver un interlocuteur - un ami, un proche, un professionnel de la relation d'aide auprès duquel il va être possible de tout dire, d'exprimer.

- ♦ Enfin, prendre le temps nécessaire à faire ce deuil.

### *Notes personnelles*

•Quel deuil ai-je à faire ? Où en suis-je dans les différentes étapes du processus de ce deuil ?

.............................................................................................................................

.............................................................................................................................

•Comment vais-je m'y prendre pour vivre cette étape de deuil ?

.............................................................................................................................

.............................................................................................................................

•Quelle leçon essentielle je tire de mon emploi précédent pour ma recherche actuelle ?

.............................................................................................................................

.............................................................................................................................

# TROUVER UN EMPLOI,

## C'EST CONCILIER-RÉCONCILIER

"J'aime les enfants" et je désirerais y consacrer une partie de mon activité professionnelle et d'un autre côté j'ai fait des études d'économie pendant quatre années dont je suis très contente. Que dois-je faire ?

J'ai un sens artistique, le goût du dessin et je me suis engagé dans des études d'art appliqué mais je voudrais faire de la pédagogie. Comment faire ?

Oui, souvent nous nous interrogeons à partir de choix qui nous semblent contradictoires et que nous opposons les uns aux autres. Nous nous mettons à fonctionner en tout ou rien : ou je fais de l'économique et j'abandonne mon côté humain, artistique... ou je fais l'inverse mais dans tous les cas j'abandonne quelque chose.

Et si la démarche de projet avait pour but de chercher une voie originale et personnelle qui nous permette de concilier ce que nous opposons ?

Si nous sommes à la fois intéressés par l'économique et l'humain, au nom de quoi devrions-nous renoncer à l'un au profit de l'autre ? Au nom de quoi devrions-nous être malheureux en abandonnant une partie

Bien sûr, cela nous demande d'oser prendre un risque, celui d'inventer notre propre réponse à l'apparente contradiction dans laquelle nous sommes.

Cela nous demande de cesser de fonctionner "en essuie-glaces" et de sortir d'un enfermement somme toute confortable puisque nous ne sommes pas responsable de notre malheur.

Cela nous demande d'aller chercher plus précisément ce qui nous intéresse dans telle ou telle voie, ce que nous voulons dire par là.

Cela nous demande de regarder en face nos manques, le chemin à parcourir pour réellement nous engager dans cette direction.

## *Notes personnelles*

•Y a-t-il en moi des croyances limitantes qui me font évacuer telle ou telle de mes aspirations profondes?

.................................................................................................................................

.................................................................................................................................

.................................................................................................................................

.................................................................................................................................

•Comment dans mon projet professionnel est-ce que je concilie l'utile et l'agréable ?

.................................................................................................................................

.................................................................................................................................

.................................................................................................................................

.................................................................................................................................

# TROUVER UN EMPLOI, C'EST LÂCHER PRISE

En abordant ce thème, j'ai conscience que j'aborde un des points les plus difficiles de la recherche d'emploi, car il touche à nos peurs et à nos besoins de sécurité.

## *LÂCHER PRISE, C'EST PRENDRE DES RISQUES*

Il est bien rare que nous n'ayons qu'un seul projet en tête, et le fait de pouvoir aller de l'un à l'autre nous rassure. Si l'un ne marche pas, je peux me rabattre sur l'autre. En faisant ainsi, je ne choisis pas, et choisir c'est s'engager : je ne suis pas impliqué à fond dans aucun des deux ou au mieux je suis impliqué à moitié dans chacun.

Privilégier une des deux branches de l'alternative, choisir de tout miser sur l'un des deux projets, pendant une période que je me suis fixé, c'est prendre un risque. Un double risque même, celui d'avoir misé sur un projet qui n'aboutisse pas et celui d'avoir laissé de côté un projet qui aurait pu aboutir si j'y avais consacré mes efforts. Il vaut donc mieux jouer la sécurité et ne pas choisir ou du moins retarder au maximum l'heure du choix.

Et bien non ! c'est l'inverse qui nous est proposé : vendre tous nos biens pour acheter la perle rare, prendre le risque d'un projet unique ! Et l'expérience nous montre que c'est bien là le plus sûr moyen de réussir dans nos projets.

Alors pourquoi ?

♦ J'ai longtemps pensé que la réponse était directement liée à la quantité d'énergie mise pour faire aboutir un projet. Et il est exact qu'en ne me dispersant pas j'accrois mes chances de succès mais cela me paraît une condition nécessaire mais pas suffisante.

47

- Je pense aussi aujourd'hui qu'en choisissant j'agis en homme libre... et que rien ne peut se passer en moi tant que ma liberté n'est pas engagée. Tant que je subis les évènements, tant que je ne suis pas vraiment acteur, je reste dans une attitude de demandeur d'emploi et j'attends que celui-ci vienne à moi. Or c'est de l'inverse dont il s'agit : devenir offreur de projet, entreprendre, et il est dans la nature de l'entrepreneur de prendre des risques.

Alors oser lâcher l'un des projets c'est en fait me mettre en situation d'exercer pleinement ma liberté. C'est en m'engageant dans un seul projet que se passe le déclic qui me rend vraiment acteur de la recherche de mon nouvel emploi. L'usage de ma liberté de choix provoque une libération d'énergie qui me propulse en avant.

## LÂCHER PRISE, C'EST SE RENDRE VULNÉRABLE

Lorsque je cesse de me réfugier derrière une alternative rassurante pour m'engager dans une direction, je deviens vulnérable car j'ai lâché mes sécurités, apparentes ou réelles.

Mais toute sécurité est une carapace qui nous rend moins sensible à ce qui se passe autour de nous. En acceptant de lâcher prise, je deviens vulnérable mais en même temps je deviens plus accessible, plus réceptif à tout ce qui, dans ce qui m'entoure, va me permettre de mettre en œuvre mon projet.

Se rendre vulnérable, c'est se mettre en condition d'ouvrir les yeux sur ce qui nous entoure pour y reconnaître les signes de ce qui peut nous aider à avancer sur notre chemin.

Se rendre vulnérable, c'est en même temps accepter de se tromper et rentrer dans une plus grande souplesse par rapport au réel. Il nous est plus facile alors de nous adapter, de ne pas nous enfermer car notre vigilance est accrue par l'inconfort de notre situation.

Le lâcher prise n'est ni facile ni confortable mais il est indispensable à toute transformation. "Si le grain ne meurt, il ne peut porter du fruit." Consentir à lâcher prise, à renoncer, c'est en même temps s'adosser dans son choix... comme si pour se développer la vie ne pouvait que traverser la mort.

## *Notes personnelles*

•Est-ce que j'ai un seul projet ou est-ce que je me sécurise en poursuivant plusieurs lièvres à la fois ?

.............................................................................................................................

.............................................................................................................................

• Est-ce que mon projet correspond à un choix qui m'engage ?

.............................................................................................................................

.............................................................................................................................

• Qu'est-ce qui me bloque ? où sont mes peurs ?

.............................................................................................................................

.............................................................................................................................

•Quelle décision puis je prendre qui réduise mes peurs et me permette d'avancer sur mon projet ?

.............................................................................................................................

.............................................................................................................................

# FORMULER SON PROJET PROFESSIONNEL

Pour aider à formuler un projet professionnel concret et réaliste, voici un cadre simple et pratique :

**"JE VEUX FAIRE" :**
Un projet s'exprime avec un "je" et se traduit par un ou plusieurs verbes d'action.

**"QUOI"** :
Quelles missions mon projet m'amène t il a réaliser ?

**"POUR"** :
Pourquoi, dans quel **but**, quelle est la finalité de mon projet ?

**"EN"** :
En faisant quoi, quel est l'ensemble d'activités qui permettent de réaliser mon projet ?
Comment vais-je m'y prendre ? Quels moyens je vais utiliser ?
Quelle va être ma contribution spécifique, ma valeur ajoutée personnelle ?

**"DANS"** :
Dans quel type d'organisation, dans quel secteur.
Dans quel contexte de vie... dans quel cadre ?

**"AVEC"** :
Avec qui ? (personnes, groupes, entités existantes...)
En tenant compte de quelles contraintes par rapport à mes choix de vie...

Après avoir fait ce travail, je rassemble en une phrase les éléments caractéristiques de mon projet. L'enjeu de cette formulation est essentiel puisque c'est de cette formulation que l'interlocuteur à qui nous nous adressons repartira pour poser des questions de nature à mieux comprendre l'emploi que nous recherchons, ou pour évoquer des noms d'entreprises ou de personnes que cette description éveille en lui.

La formulation d'un projet professionnel nécessite que l'on précise trois paramètres :

**La fonction**
**Le secteur d'activité**
**Le type d'entreprise**

La **fonction** doit être à la fois précise et ouverte. C'est la raison pour laquelle il vaut mieux l'exprimer par une série de verbes d'action plutôt que par un titre ou un intitulé du répertoire des métiers. Le contenu des fonctions peut varier d'une entreprise à l'autre. En choisissant de définir la fonction par quelques verbes clefs, j'évite cet écueil et rends compte de ce qui est important pour moi dans la fonction au-delà de son appellation.

La fonction que je veux exercer met en œuvre mes compétences clefs et respecte mes volontés fondamentales. C'est là que je vais trouver les mots pour en exprimer le contenu.

Le **secteur d'activité** n'est jamais indifférent, même pour des fonctions de généralistes. L'intelligence du métier de l'entreprise devient de plus en plus stratégique et le comptable ou le responsable du personnel doit en comprendre les enjeux même s'il n'est pas en contact direct avec le client.
Par ailleurs, chacun éprouve plus ou moins de goût pour vivre dans tel ou tel univers professionnel. Si les préférences ne sont pas clairement établies, il est important de

lister les différents secteurs envisageables puis de les hiérarchiser. Lors de la phase active de recherche, il conviendra d'aborder un secteur après l'autre pour ne pas disperser les énergies.

Le secteur d'activités n'est pas toujours un secteur économique, du type Services aux particuliers, Agroalimentaire ou Grande Distribution. Ce peut être un secteur d'entreprises ayant à régler le même type de problèmes, comme le secteur des entreprises investissant dans la mise en place d'un outil de gestion de leur supply-chain.

Le **type d'entreprises** précise un certain nombre de caractéristiques que l'entreprise doit présenter au regard de ma recherche pour optimiser mes chances d'intégration dans le poste. Il peut s'agir de caractéristiques objectives (PME ou grand groupe) ou de données subjectives en lien avec mes modes de fonctionnement. Elles vont décrire la "culture" de l'entreprise qui me convient bien.

### *Notes personnelles*

• La fonction que j'ambitionne d'exercer est-elle définie d'une manière claire pour tous et sans ambiguïté ? Quels verbes pourraient mieux en rendre compte ?

...........................................................................................................................

...........................................................................................................................

• Le secteur dans lequel je cherche pour l'instant est-il bien circonscrit ? Est-ce que je ne me disperse pas en cherchant tous azimuts ?

...........................................................................................................................

...........................................................................................................................

•Ai-je bien identifié les cultures d'entreprise qui me conviennent bien ?

...........................................................................................................................

...........................................................................................................................

# COMMUNIQUER SON PROJET

La communication du projet professionnel devra être particulièrement brève, frapper l'attention de l'auditeur ou retenir celle du lecteur immédiatement.

## *Comment cela peut-il se faire ?*

À l'AEPV, nous proposons un challenge et un document pour y aider. Nous demandons aux filleuls de rédiger leur projet professionnel concret et réaliste, en quatre lignes maximum.

Ramasser l'essentiel de son projet professionnel en quelques mots va permettre :

♦ de le communiquer en vingt secondes au téléphone, celles que l'interlocuteur nous accorde pour capter son attention, celles qui sont décisives pour obtenir un rendez-vous

♦ de le faire figurer en tête du curriculum vitae qui lui aussi est parcouru en vingt secondes et sur lequel s'accomplira un premier tri des candidatures.

## *Le rôle de la lettre de motivation et du curriculum vitae.*

Nous n'entrerons pas dans la technique d'élaboration de ces deux documents, mais souhaiterions préciser leur signification.

**Le Curriculum Vitae** (C.V), comme son nom latin l'indique, rappelle le cours de la vie de la personne qui l'écrit. La personne qui le lit a un objectif précis : il est de déterminer si la candidature convient au profil pour lequel il recrute ?. Il s'agit donc de faire apparaître le fil directeur qui guide ce cours de la vie professionnelle. Comment pourrait-on mieux le faire si ce n'est en "chapeautant" son CV de son projet professionnel ?

Par ailleurs, la sélection des expériences professionnelles et extra professionnelles se fera alors essentiellement en regardant en quoi elles viennent crédibiliser le projet, montrer les compétences sur lesquelles l'auteur du projet peut s'appuyer mais aussi laisser voir les aspirations qui sont les siennes.

En affirmant comme nous l'avons fait que le projet professionnel est un projet unique, nous insistons également sur l'écriture d'un seul C.V. Là encore l'expérience de l'AEPV nous montre que lorsqu'un chercheur d'emploi rédige trois ou quatre C.V différents, c'est souvent qu'il ne s'est pas engagé dans le choix de son emploi : il est demandeur d'emploi plus qu'offreur de projet.

Par contre, il est tout à fait évident que le C.V sera remanié au cours de la recherche pour tenir compte d'une formulation plus ajustée du projet ou de remarques qui inciteront à mettre en lumière telle ou telle expérience à laquelle on n'avait pas songé d'abord.

**La lettre de motivation** est quant à elle un courrier personnalisé et donc manuscrit adressé à une seule entreprise, souvent en réponse à une demande de sa part. Elle est l'occasion d'exprimer pourquoi nous pensons qu'il peut y avoir adéquation entre notre projet et celui de l'entreprise.

Communiquer son projet, c'est prendre le risque de le confronter au regard d'autrui. Cela peut être difficile de décrocher un téléphone lorsqu'on ne sait pas l'accueil qui nous sera réservé. Mais c'est en communiquant - et en communiquant largement - mon projet dans le réseau que réside l'espoir de trouver un emploi. En conséquence, il peut être bon de se donner un plan de communication et de vérifier périodiquement sa mise en œuvre.

## _Notes personnelles_

•Mon projet professionnel figure-t-il en tête de mon C.V.? En quatre lignes maximum ?

.................................................................................................................................

.................................................................................................................................

.................................................................................................................................

.................................................................................................................................

•Est-ce que la rédaction de mon C.V. "crédibilise" mon projet ?

.................................................................................................................................

.................................................................................................................................

.................................................................................................................................

.................................................................................................................................

•Auprès de qui vais-je tester ma capacité à formuler mon projet professionnel en vingt secondes ?

.................................................................................................................................

.................................................................................................................................

.................................................................................................................................

.................................................................................................................................

# CRÉER SON RÉSEAU

La notion de réseau est tout aussi importante que celle de projet professionnel. Bien comprendre ce qu'est un réseau et comment le faire fonctionner est un atout précieux dans le parcours du chercheur d'emploi.

Bien intégrer ce qu'est le réseau spécifique que l'on va construire autour de son projet professionnel est primordial dans la démarche. Si l'élaboration du projet représente 50 % du parcours, l'action réseau correspond aux autres 50 %.

Lors de l'élaboration du projet professionnel, le regard se porte plutôt sur l'intérieur, et le rythme doit permettre cette intériorité. Lorsque nous commençons à communiquer notre projet dans le réseau, le rythme s'accélère et nous nous tournons résolument vers l'extérieur.

Le but de la démarche va être de communiquer notre projet professionnel à toutes les personnes qui peuvent être directement ou indirectement intéressées par notre projet. Les personnes indirectement concernées sont à bien prendre en compte également car elles peuvent s'avérer de très bonnes « donneuses de nom » si utiles en début de démarche de réseau.

La difficulté consiste à identifier les personnes intéressées par notre projet. Au départ, nous ne les connaissons pas, ni eux, ni les entreprises ou les structures intéressées

La question essentielle à se poser sans cesse est : **Qui connaît qui ?**
 On peut commencer par l'environnement immédiat, famille, amis, voisins, commerçants du quartier, anciens collègues d'école ou de travail… la liste n'est pas limitative. Je voudrais devenir… résumer le projet en quelques secondes, idéalement citer un ou des exemples de produits et/ou d'entreprises pour illustrer le projet, aide

nos interlocuteurs à trouver des noms, rend le projet plus « parlant » Connais–tu quelqu'un qui pourrait être directement ou indirectement intéressé par mon projet, que je puisse appeler de ta part ?

## *Une des premières étapes de la démarche réseau : La validation du projet*

Dès qu'on peut rencontrer des experts du projet concerné, recueillir leur avis est essentiel pour d'une part s'assurer de la pertinence du projet, de sa cohérence par rapport au marché du travail, d'autre part, ancrer encore davantage notre projet. L'expert confirme la validité du projet, suggère parfois quelques petits amendements, suggestions très intéressantes auxquelles nous n'avions pas forcément pensé initialement et qui viennent enrichir et conforter notre projet. C'est un avis d'expert qui nous fait du bien et nous renforce dans notre démarche, dans notre propre conviction pour notre projet.

En fin d'entretien, ne pas oublier de la question rituelle : Connaissez-vous quelqu'un qui pourrait être directement ou indirectement intéressé par mon projet et que je puisse appeler de votre part ? Il y a en effet beaucoup de chances que cet expert de notre projet soit en mesure de donner directement des noms dans un secteur d'activité qu'il connaît bien.

**Quelques règles simples pour l'approche réseau :**
1.Être capable d'exprimer notre projet clairement en quatre lignes maximum. Rappelons que ce message bref et percutant devra nous aider à franchir le barrage de la secrétaire et ensuite nous permettre de nous faire comprendre de notre interlocuteur en une vingtaine de secondes.
En cas de barrage de la secrétaire, appeler tôt ou tard notre contact permet de contourner l'obstacle.

**2.** S'assurer de la disponibilité de l'interlocuteur, je peux vous prendre une minute ? Pour idéalement fixer une date de rendez-vous face à face, quand c'est possible ou à défaut par téléphone à un autre moment.

**3.** Toujours appeler une personne de la part d'une autre.

Je vous contacte de la part de X qui m'a conseillé de le faire car j'ai un projet qui est de… et je souhaiterais vous rencontrer pour avoir un *avis d'expert* sur mon projet, le valider comme me l'a suggéré X.

Ecouter et noter les remarques sur le projet, pour en arriver en fin d'entretien à *la question* : connaissez-vous quelqu'un qui puisse être directement ou indirectement… ce qui était quand même le but premier de la visite !

Ne pas être surpris si l'interlocuteur nous remercie pour notre démarche car l'avoir sollicité pour obtenir un avis d'expert était valorisant pour lui, comme si une personne demandait à nous rencontrer pour obtenir un tel avis, ayant un projet correspondant à une de vos activités antérieures, formation ou expérience professionnelle.

Eviter absolument la phrase maudite : Je cherche un job de… qui incite les interlocuteurs à se refermer immédiatement, à raccrocher au plus vite car elle les met mal à l'aise, les culpabilise. Quand bien même, ils disposeraient du job en question, ils ne le diraient pas forcément.

Verrouiller chaque contact, selon la technique de la "corde à nœud", c'est-à-dire toujours nous assurer du contact proposé (qui lui téléphone ? comment dois-je prendre contact ?...)

**4.** Ne pas se précipiter sur les personnes ou les entreprises situées dans le cœur de cible mais demander des informations préalables sur ces contacts importants pour savoir comment les aborder et quel type de contribution ils peuvent nous apporter. Ces informations nous allons les récupérer auprès d'autres personnes de notre réseau contactées antérieurement ou ayant de l'information sur la cible visée.

Ne pas hésiter à s'intéresser au poste de travail de la personne rencontrée, à l'activité de l'entreprise, aux problématiques du moment, dans cette entreprise, dans la profession et pour le type de poste correspondant au projet, toutes informations très utiles pour la connaissance du secteur et qui pourront être habilement replacées lors d'autres contacts.

5. Tenir notre réseau au courant si les démarches effectuées nous ont permis d'avancer, le recontacter pour demander des explications si cela n'a pas marché.
Ne pas oublier d'envoyer un message de remerciement après chaque rencontre de réseau, occasion de confirmer la date de relance éventuelle et de préparer le terrain.

6. Noter méthodiquement ce que nous apprenons à chaque contact, comme s'il s'agissait d'un véritable travail d'enquête. Il faudra souvent relancer, recontacter une personne et nous devrons nous rappeler les éléments de la conversation précédente.
Le recours aux notes prises aidera à se rappeler des éléments de la conversation précédente.

La prise de contact réseau est parfois considérée par les filleuls comme un passage difficile. Il est possible d'écrire à l'avance le message que l'on compte faire passer au contact réseau, avoir le document sous les yeux. (Même si on ne s'en sert pas finalement durant l'entretien, cela rassure). Pourquoi ne pas s'entrainer en simulant un entretien avec son parrain ?
Appeler plusieurs contacts à la suite est toujours préférable car on peut toujours mal tomber lors d'un appel. En appelant plusieurs personnes à la suite, on relativise.

Prendre ces contacts à un moment où l'on se sent bien, est important et sera beaucoup plus productif. A chacun de choisir le moment qui lui convient.

Tenir à jour la liste des contacts, les dates de relance. Cela peut être facilité en fonction des choix d'organisation personnelle de chacun, par une mise sous Excel ou encore une utilisation de Map Mind qui fait ressortir les liens entre les contacts. Si chacun de nos contacts réseau nous donne 2 contacts, la progression est rapide 2, 4, 8, 16,32… Un peu de méthode s'avère très utile.
Le témoignage des filleuls est éclairant à ce sujet. Certains témoignent : j'ai trouvé au 5° niveau.

En cas d'utilisation d'un annuaire d'école, il est souhaitable de procéder à 2 lectures successives. La première permet d'identifier les personnes en poste qui exercent une activité correspondant au projet, ils seront autant d'experts pour valider et revalider le projet. Ils ont beaucoup à nous apporter et peuvent même vivre un changement de position professionnelle et précisément … chercher leur successeur. Ils connaissent également leurs pairs et être assez informés de possibles changements ailleurs et donc être d'excellents donneurs de noms pour nous indiquer d'autres situations de changement avant même que tout recrutement ne soit lancé.

Le réseau est une ressource merveilleuse qu'il ne faut pas hésiter à mettre à contribution sous les réserves préalables, en sachant qu' :

- ♦ Il est tolérant et l'on peut donc le recontacter si le projet a évolué, mûri, s'est précisé et qu'un nouvel entretien est susceptible d'apporter des réponses différentes.
- ♦ Il est valorisé par le fait qu'on le mette à contribution, dès lors qu'on ne le culpabilise pas par une attitude de demandeur qui ne peut inciter qu'à la pitié ou l'impuissance de sa part.

♦ Il ne refuse pratiquement jamais un entretien pour discuter d'un projet. Si c'est le cas, interrogeons-nous sur la manière dont nous le sollicitons. Peut-être y a-t-il lieu de réviser notre manière de faire.

♦ La plupart des emplois détectés par le réseau ne se trouvent pas dans la presse et les petites annonces... et lorsque c'est le cas, l'interlocuteur nous aura en quelque sorte présenté pour le poste, ce qui est quelquefois un atout supplémentaire.

### *L'accès à un réseau est-il réservé aux grands expansifs et aux grands communicateurs ?*

**Non**, car aujourd'hui près de 80 % des emplois se trouvent par réseau, (près de 100% s'il s'agit d'un premier emploi ou d'un emploi pour un chercheur de plus de cinquante ans). Pour atteindre le résultat, autant choisir la démarche la plus appropriée.

**Non**, car chacun, si isolé soit-il, connaît au moins une personne à qui il peut communiquer son projet et qui lui servira de relais. Pour atteindre une cible visée, certains auront besoin de plus de contacts intermédiaires que d'autres, mais qu'importe le nombre de maillons pourvu que l'on atteigne le but.

**Non**, car l'accès au réseau nécessite méthode et opiniâtreté avant tout. L'obstacle majeur à franchir est sans doute pour beaucoup d'oser se saisir du téléphone mais ensuite avec l'habitude il devient possible de passer plusieurs heures par jour au téléphone pour obtenir les contacts que l'on a ciblés.

**Les bienfaits du réseau sont nombreux.**

Il va donner l'occasion aux chercheurs d'emploi de « grandir » très vite professionnellement.

C'est d'abord la possibilité d'offrir un projet qui « colle » de mieux en mieux, à la réalité économique et au marché du travail sous l'influence des liftings successifs du projet au fil des contacts donc de devenir de plus en plus pro, de gagner en crédibilité vis-à-vis des interlocuteurs rencontrés.

Les membres du réseau confirment ce fait. Ils mesurent avec étonnement l'évolution entre les premiers contacts encore un peu « naïfs » des débutants et quelques semaines plus tard le ton devenu très pro des filleuls. Cette évolution les frappe.

Durant cette période de démarche réseau, le filleul bénéficie d'une liberté totale, plus tard, il pourra y avoir des concurrents avec qui il deviendra plus difficile d'avoir des échanges directs. A ce stade, tout est possible, autorisé.

Le monde est petit en général, le monde professionnel est encore plus petit. Faire remarquer à Y que ses remarques rejoignent ou diffèrent de celles de X, conduit le plus souvent à s'entendre dire, vous connaissez X et apparaître encore plus intéressant et crédible.

Dès lors que le réseau colle bien au « bon » projet, il constituera demain votre environnement professionnel, nos clients, fournisseurs, prescripteurs, prestataires de service et même… concurrents.

C'est tout votre environnement professionnel avec qui il sera important ensuite de garder le contact. Toutes les occasions seront à saisir, salons professionnels, colloques pour rencontrer physiquement les gens, envoi régulier année après année des vœux de l'an au minimum, pour maintenir ces contacts qui pourront à nouveau resservir en changement d'entreprise, ou plus simplement pour un besoin d'information ponctuel.

Enfin, ne confondons jamais tissu relationnel et réseau.

Les relations constituent un acquis à un instant T. Elles préexistent tandis que le réseau se tisse au fur et à mesure.

Le réseau se crée en fonction de l'objectif que l'on se fixe. À chaque recherche va correspondre son réseau.

Le réseau permet de répondre à la question : Comment trouver l'entreprise qui m'attend ?

À chaque projet correspond un réseau propre constitué pour le faire aboutir, alors que les relations sont permanentes et indépendantes des projets.

## *Notes personnelles*

•Ai-je fait la liste des personnes à qui je vais parler de mon projet ? Ai-je identifié mes têtes de réseaux ?

...............................................................................................................................

...............................................................................................................................

...............................................................................................................................

...............................................................................................................................

•Par quels moyens vais-je suivre l'ensemble de mes contacts ? Comment vais-je m'organiser pour suivre les contacts ?

...............................................................................................................................

...............................................................................................................................

...............................................................................................................................

...............................................................................................................................

# VÉRIFIER L'ADÉQUATION

Le but du réseau est atteint lorsqu'il nous permet d'obtenir des entretiens.

Nous avons souvent une fausse image de cette étape essentielle de la recherche, à la suite de deux mauvaises appréciations de la réalité :

◆ Il s'agirait d'un passage d'examen où l'examinateur aurait tout pouvoir, et en tout cas il serait le seul à décider.

◆ Il s'agirait pour celui qui est reçu de vendre un produit service, en l'occurrence lui-même.

Ces deux images sont inexactes et peuvent expliquer des comportements faussés. Essayons de comprendre ce qui se passe réellement.

Dans l'entretien d'embauche, il y a soit rencontre de deux projets, soit rencontre de deux peurs.

◆ L'employeur ou son représentant embauche parce qu'il recherche un collaborateur qui puisse l'aider à réaliser un projet précis qu'il ne peut mettre en œuvre avec les seules ressources existantes dans son entreprise.

Il y a donc un projet de l'entreprise, qui va comporter des aspirations, nécessiter des compétences et des aptitudes, reposer sur un système de valeurs.
Et pour que ce projet puisse se réaliser, l'employeur cherche quelqu'un dont le projet personnel soit compatible.

Qui pourrait mieux le faire qu'une personne dont le projet professionnel s'en approche ?

♦ L'employeur est habité par la peur de se tromper car il s'agit pour lui d'un investissement, le candidat est habité par la peur de l'échec. L'entretien sera-t-il vécu au niveau des peurs ou au niveau de l'échange des projets ?

Or, nous savons bien qu'on ne peut construire quelque chose de solide sur des peurs.

L'entretien d'embauche est le lieu de la **vérification** par chacun des offreurs de projet qu'il y a **adéquation** entre les deux projets.

Il ne s'agit donc pas de porter un jugement de valeur, mais un jugement d'adéquation. Rappelons-nous cette évidence lorsque nous sortirons d'un entretien qui n'a pas abouti. Cela nous permettra de ne pas nous décourager en nous disant que nous ne valons rien ou que les employeurs sont tous des salauds et d'analyser pourquoi il n'y a pas eu adéquation. S'agit-il d'une mauvaise communication, de la non-crédibilité de notre projet... ?

L'entretien d'embauche est un puissant outil d'**ajustement** de notre projet professionnel.

Chacun des deux participants est **acteur** de l'entretien. Bien sûr, il reviendra à l'employeur de définir la durée et les règles du jeu, mais le candidat est là pour vérifier que le projet de l'entreprise lui convient bien. Ce sera par exemple l'occasion pour lui de vérifier qu'il est possible de travailler efficacement et en bonne intelligence avec son responsable direct.

Mieux vaut refuser un emploi que d'accepter celui-ci en sachant que l'on y sera malheureux chaque jour. Même si on est prêt à ce "compromis", il est probable que cette situation ne dure pas longtemps.

Le candidat a donc lui aussi la possibilité de dire non et nous sommes différents à un entretien lorsque nous réalisons que cette possibilité est partagée. C'est aussi en ce sens que l'entretien d'embauche se distingue de l'acte de vente pour le candidat car il n'a pas pour objet de conclure systématiquement.

## *Notes personnelles*

• Comment est-ce que je me prépare à mes entretiens d'embauche ?

...........................................................................................................................

...........................................................................................................................

...........................................................................................................................

...........................................................................................................................

•Est ce que je prends le temps de relire ce qui s'est passé lors de mes entretiens ?

...........................................................................................................................

...........................................................................................................................

...........................................................................................................................

...........................................................................................................................

•Est-il nécessaire d'ajuster mon projet à la suite du dernier entretien ?

...........................................................................................................................

...........................................................................................................................

...........................................................................................................................

...........................................................................................................................

# APRÈS LE SUCCÈS

*Ça y est. Je viens de retrouver un emploi.*

Il est frappant de voir comment cette réussite peut être vécue difficilement par les uns et les autres. À l'AEPV, nous demandons aux filleuls de venir témoigner de ce qu'ils ont vécu, aux autres chercheurs d'emploi. Il s'agit bien sûr que l'expérience des uns serve aux autres, mais pour le filleul lui-même cet exercice est important.

Tout d'abord, il est essentiel de faire la relecture de ce qui s'est passé, et de comprendre en quoi notre travail sur le projet professionnel a porté ses fruits. La chance n'explique rien, elle dispense simplement de reconnaître ma part et la part d'autrui dans le succès.

Ensuite, il est important de célébrer nos succès. Il ne s'agit pas forcément d'une fête bruyante et agitée mais sûrement d'honorer le travail que nous avons accompli pour en arriver à ce nouvel emploi. Lorsque le laboureur se retourne sur le sillon qu'il vient de tracer, il en tire joie et fierté qui vont le dynamiser pour poursuivre sa tâche. Il serait dommage de se lancer à corps perdu dans son nouvel emploi en considérant ce temps de recherche comme une parenthèse désagréable qu'il convient de refermer au plus vite. Au contraire, il s'agit là d'une étape - souvent importante - de ma vie professionnelle, dont je sors différent.

Enfin, au cours de ce parcours de recherche d'emploi, nous avons élaboré un projet professionnel. Cela a été un apprentissage pour la plupart d'entre nous car rien ne nous y avait préparé. Cet apprentissage a consisté essentiellement à prendre l'initiative de notre futur emploi, à devenir créateur et moteur dans notre travail. Pourquoi oublierions-nous ces acquis dès le retour à l'emploi ? Pourquoi retournerions-nous à nos anciennes dépendances, vis-à-vis d'un employeur qui a tout pouvoir et toute initiative dans notre emploi, alors que nous avons découvert combien il dépendait de nous que notre travail nous convienne ?

### *Concrètement, comment faire ?*

- Ne pas ranger notre projet professionnel au placard, mais y revenir de temps en temps pour regarder comment nous le faisons vivre et évoluer dans notre poste. Si l'entreprise vous propose un entretien d'évaluation régulier avec votre responsable direct, la préparation personnelle à cet entretien sera l'occasion idéale de faire le point. Vous déciderez ensuite de ce que vous voulez ou pouvez en dire à votre responsable, mais vous serez de toutes manières mieux armé pour l'entretien si vous avez osé regarder où vous en étiez dans la mise en œuvre de votre P.P

- Prendre de temps en temps un moment pour vous afin de regarder ce qui bouge et évolue dans votre projet. Nous sommes des êtres vivants et nos projets ne sont pas figés : ils sont ouverts et s'ajustent en fonction de notre environnement, des opportunités, de notre propre évolution physique, mentale et spirituelle. Le projet professionnel s'ajuste en permanence pourvu que nous prenions le temps de le voir évoluer.

Et cet ajustement nous permettra de voir parfois l'écart qui s'instaure progressivement, insidieusement avec notre poste actuel. À nous alors de prendre l'initiative, soit pour rencontrer notre employeur et avec lui faire évoluer notre activité, soit pour nous préparer à une nouvelle étape de notre vie professionnelle. Il y a en effet tout intérêt à "voir venir" plutôt qu'à faire le gros dos en espérant que le hasard arrange les choses.

Oui, lorsqu'on se lance dans une démarche du projet professionnel, c'est pour toute la durée de cette vie de travail. Une telle démarche serait aussi fort appropriée pour aborder cette nouvelle étape de la vie que constitue la retraite, mais c'est une autre histoire. Gageons que quelqu'un l'écrira un jour.

## *Notes personnelles*

• Ai-je pensé à remercier mon réseau ?

............................................................................................................................

............................................................................................................................

............................................................................................................................

............................................................................................................................

•Depuis quand ne me suis-je pas situé en termes de projet professionnel ?

............................................................................................................................

............................................................................................................................

............................................................................................................................

............................................................................................................................

69

# AIDER SON CONJOINT DANS SA RECHERCHE D'EMPLOI

Partons d'un constat : parce qu'il est impliqué dans ce cheminement pour la recherche d'un nouvel emploi, le conjoint (la personne proche) se trouve à de nombreux égards dans une situation difficile. Il est trop proche affectivement pour ne pas être touché par la situation de son conjoint... et il est trop proche affectivement pour que ses réactions, ses paroles ne soient pas interprétées, souvent au premier degré par son conjoint. Il est trop loin pour comprendre ce travail qui prend du temps et qui consiste à faire toute cette démarche de projet professionnel exposé précédemment.

Alors comment faire ? Les quelques conseils qui suivent nous ont tous été "soufflés" par des conjoints de filleuls de l'AEPV.

## *Garder sa juste distance.*

Il ne s'agit pas dans cette situation de vouloir protéger, sécuriser, voire materner ni même de vouloir rendre service à tout prix.

Il ne s'agit pas non plus de ne pas parler de ce qui lui arrive et de se taire par peur de sa réaction ou par peur d'être maladroit
Il est possible petit à petit de construire une relation de dialogue où chacun peut confier à l'autre ce qui l'aide ou ce qui lui pèse dans ses réactions.

## *Garder confiance en lui, en elle et le manifester*

C'est l'estime de soi qui est la pierre angulaire de la recherche. Le meilleur appui que puisse trouver le conjoint, c'est de trouver à ses côtés un "supporter" qui l'encourage.

Pour aider à reconstruire cette confiance en soi, l'engagement dans une activité bénévole est parfois nécessaire. Il s'agit alors de le comprendre, de l'encourager, plutôt que d'y voir du temps perdu par rapport à la recherche d'emploi.

### Continuer à vivre.

Il est bien sûr difficile de faire des projets à long terme, mais cela n'empêche pas de prendre de temps en temps une soirée à deux.

Les enfants ont une telle puissance de vie en eux qu'ils sont souvent bien utiles pour nous aider à dédramatiser la situation : ils peuvent avoir un rôle stimulant si l'on ose leur parler.
La vie est faite de fêtes aussi. Même si elles deviennent plus simples, il faut veiller à les maintenir : anniversaires...

### Repérer ensemble les relations qui sont bonnes pour le conjoint.

La pression des proches, leur inquiétude peut être vite insupportable si elle ne respecte pas la liberté et le rythme de celui qui cherche. Il faut savoir s'éloigner temporairement de certaines personnes "anxiogènes" pour mieux les retrouver après.

Toutefois, certains parents, amis... sont dynamisants et utiles parce qu'en leur présence il devient possible de parler librement et sans honte, parce qu'ils nous accueillent sans nous juger et sans nous inonder de leur pitié. Pourquoi ne pas renforcer les liens avec eux, voire proposer à votre conjoint d'aller dire bonjour à tel de ses amis lorsque vous sentez qu'il a besoin de parler et que ce n'est pas avec vous qu'il le fera ?

Il arrive aussi qu'en présence d'un tiers et dans le feu de la conversation, on dise plus de choses que lorsque l'on est à deux. Pourquoi ne pas profiter de l'invitation d'un ami à la maison pour favoriser un échange qui serait plus difficile à deux ?

***Savoir créer pour soi une relation privilégiée.***

Le conjoint ne peut entendre vos angoisses, vos ras-le-bol, vos récriminations, mais l'ami (e) le pourra, lui.

Les mots que vous ne pouvez dire à votre conjoint, ne les gardez pas pour vous, ne les rentrez pas en vous. Trouvez une personne à qui vous pourrez parler en confiance, sans crainte d'être jugé.

Il est parfois utile de savoir dire , "je ne sais plus comment m'y prendre" et de demander de l'aide à des amis qui vous redonneront la force de continuer à vous battre.

***Lui laisser le temps et l'espace pour qu'il habite son projet.***

Le travail de projet professionnel consiste à "se réapproprier" soi-même, après la perte d'identité consécutive à la perte de l'emploi. Cela demande du temps, le temps que met un fruit pour mûrir, sans forcer.
Et lorsque le projet sera mûr, vous aurez la joie de reconnaître que son projet est bien de lui, le sien.

Un dernier mot, chargé d'espoir : beaucoup de ces conjoints nous ont dit, après le succès : de cette période nous sortons grandis.

## _Notes personnelles_

* Après la lecture de ce chapitre, quelle décision concrète je prends par rapport à la recherche d'emploi de mon conjoint ?

.........................................................................................................................

.........................................................................................................................

.........................................................................................................................

.........................................................................................................................

# Table of Contents

À qui s'adresse ce livre ?................................................................................2

Notes personnelles..........................................................................................6

CHERCHER AUTREMENT UN EMPLOI..........................................................7

  QUI A LES MEILLEURES CHANCES DE TROUVER ?..................................7

  COMMENT FAIRE POUR TROUVER UN EMPLOI ?....................................8

    Liquider autant que possible le passé : tourner la page..........................8

    Nous tourner résolument vers l'avenir....................................................8

    Établir notre projet professionnel...........................................................8

    Rédiger notre C.V....................................................................................9

    Préparer et organiser notre campagne.....................................................9

    Conclure.................................................................................................10

  Notes personnelles.......................................................................................10

L'ESTIME DE SOI..........................................................................................11

  Comment ne pas tomber dans le piège de cette spirale ?............................11

  Notes personnelles.......................................................................................13

CHERCHER AVEC L'AIDE D'UN AUTRE.....................................................14

  Que pouvons-nous attendre de l'autre, des autres ?....................................15

  Notes personnelles.......................................................................................16

SE RESPECTER DANS SA RECHERCHE D'EMPLOI...................................17

  Aucun discours ne pourra rien y changer....................................................17

  CALMER NOS PEURS.................................................................................17

  RETROUVER LA CONFIANCE EN SOI.....................................................18

  DIMINUER LA PRESSION D'ENJEU..........................................................18

  GARDER UN EQUILIBRE RELATIONNEL................................................19

  Notes personnelles.......................................................................................19

LE PROJET PROFESSIONNEL......................................................................20

  Notes personnelles.......................................................................................22

LES FONDEMENTS DU PROJET PROFESSIONNEL....................................23

  Notes personnelles.......................................................................................27

ÉTABLIR SON................................................................................................28

PROJET PROFESSIONNEL............................................................................28

  LA RELECTURE DES MÉMOIRES............................................................28

  LA RELECTURE DES RÉALISATIONS PROFESIONNELLES ET
EXTRAPROFESSIONNELLES......................................................................29

  LA RELECTURE DES CHOIX DE VIE........................................................29

  LA RÉACTION AUX OFFRES.....................................................................30

LA RÉACTION AUX PERSONNES............................................................................30

LE RÊVE FOU...................................................................................................31

Notes personnelles...........................................................................................32

UN PROJET UNIQUE.......................................................................................33

Quelles en sont les implications ?....................................................................34

AJUSTER SON PROJET PROFESSIONNEL....................................................36

Notes  personnelles :.........................................................................................38

LE PROJET, UNE AFFAIRE DE VISION ET RECONNAISSANCE....................39

Notes personnelles...........................................................................................40

TROUVER UN EMPLOI,...................................................................................41

C'EST MOURIR À SOI-MÊME..........................................................................41

LE DEUIL DE L'EMPLOI PRECEDENT........................................................41

LE DEUIL DES  ILLUSIONS........................................................................41

LE DEUIL D'UNE FORME D'ÉQUILIBRE DE VIE.........................................42

COMMENT FAIRE LE DEUIL ?....................................................................42

Notes personnelles...........................................................................................44

TROUVER UN EMPLOI,...................................................................................45

C'EST CONCILIER-RÉCONCILIER..................................................................45

Notes personnelles...........................................................................................46

TROUVER UN EMPLOI, C'EST LÂCHER PRISE..............................................47

LÂCHER PRISE, C'EST PRENDRE DES RISQUES.....................................47

LÂCHER PRISE, C'EST SE RENDRE VULNÉRABLE..................................48

FORMULER SON PROJET PROFESSIONNEL...................................................50

COMMUNIQUER SON PROJET.........................................................................53

Comment cela peut-il se faire ?.........................................................................53

Le rôle de la lettre de motivation et du curriculum vitae.....................................53

Notes personnelles...........................................................................................55

CRÉER SON RÉSEAU......................................................................................56

Une des premières étapes de la démarche réseau : La validation du projet.............57

L'accès à un réseau est-il réservé aux grands expansifs et aux grands communicateurs ?...........61

Notes personnelles...........................................................................................63

VÉRIFIER L'ADÉQUATION..............................................................................64

Notes personnelles...........................................................................................66

APRÈS LE SUCCÈS.........................................................................................67

Concrètement, comment faire ?.........................................................................68

Notes personnelles...........................................................................................69

AIDER SON CONJOINT DANS SA RECHERCHE D'EMPLOI...............................70

Garder sa juste distance.................................................................................................70

Garder confiance en lui, en elle et le manifester........................................................70

Continuer à vivre...........................................................................................................71

Repérer ensemble les relations qui sont bonnes pour le conjoint..............................71

Savoir créer pour soi une relation privilégiée.............................................................72

Lui laisser le temps et l'espace pour qu'il habite son projet.......................................72

Notes personnelles.........................................................................................................73